シンプルベビーニット

長く着られるデザインと
サイズ調整のひと工夫

野口 智子

Contents

シンプルだけどかわいいニットを着せたいと思っても、

なかなか好みのニットに出合えなかったり、難しそうだったり。

コーディネートが楽しくなるアイテムを、厳選して作りました。

育児の合間の息抜きで作って欲しいから、

できるだけ簡単な編み方で作れるデザインにしました。

お子さんの成長に合わせて、大きめに編んだり、

少し解いて編み直したり、編み足したり、

長く着せられるお気に入りのニットになったら嬉しいです。

野口智子

01 カーディガン

袖も身幅もゆったりシルエットのあったかカーディガン。
寒い日もこれがあれば安心です。
サイズが大きめなので、ワンシーズンだけでなく、
長く着られるのも嬉しいポイントです。

80〜110サイズ
how to make ▷ p.79

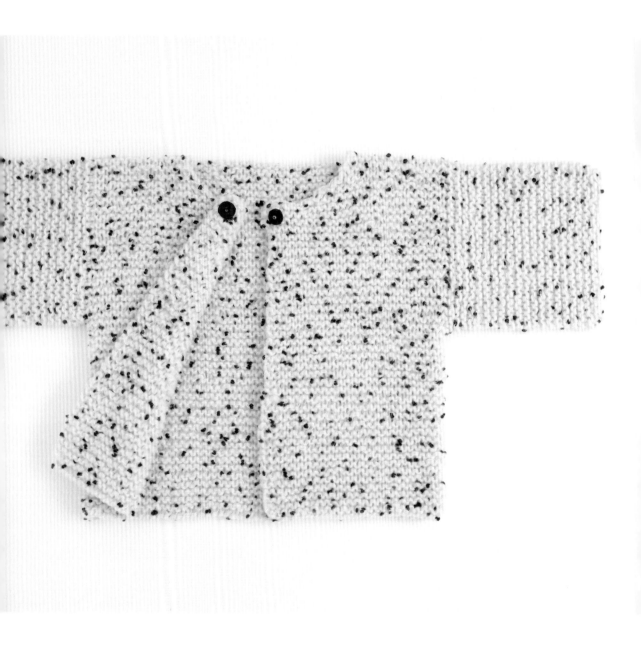

02 ブランケット

3色を組み合わせて編む、
パッチワーク風のブランケット。
引き揃えのガーター編みだから、
厚みがあってあたたかな風合いです。
何かと使い勝手のいい大判サイズ。

83×80cm

how to make ▷ p.66

03 ベレー帽

細編みのベレー帽は、ウールの糸で編めば秋冬用（上）に、
コットンの糸で編めば春夏用（下）に。同じ編み図でも、
糸の太さによってでき上がりのサイズが少し変わります。

頭回り46㎝（上）、45㎝（下）

how to make ▷ p.68

04 ベスト

ループヤーンで編んだボリューム感のある
もこもこベストは少し大きめサイズ。
子供が小さいうちはワンピースっぽく、
大きくなったらベストとして、長く着れるアイテム。
80～110サイズ
how to make ▷ p.70

05 付け襟

ちょっとしたおめかしに便利なニットの付け襟。
輪針でぐるぐると編んだメリヤス地に、ゴムを通したシンプル仕立て。
コットン糸で洗濯もしやすく、ユニセックスで使えるデザインです。

首回り25㎝
how to make ▷ p72

06 靴下

つま先と履き口で左右の色を変えた、アシンメトリーの靴下。
長編みで編むベビーサイズの靴下は、ざくざく編めて、
すぐ編み終わるのが嬉しいところ。

足長11cm
how to make ▷ p.74

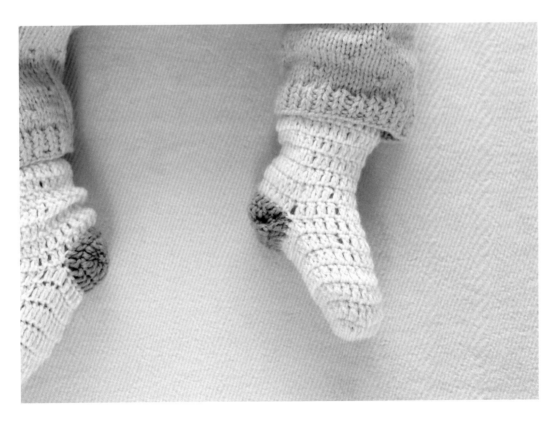

07 スリーパー

スリーパーは、寝返りで布団から出てしまう子のお助けアイテム。
あたたかみのあるかのこ編みに、肌触りのいいコットン糸は
洗濯もしやすく、脱ぎ着しやすい被って両脇をとめるデザインです。

70～110サイズ　how to make ▷ p76

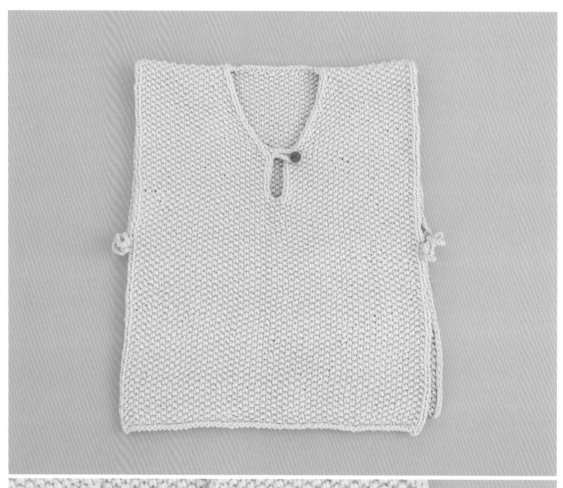

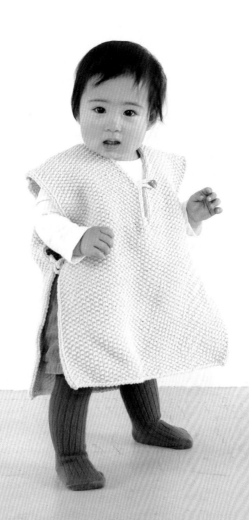

08,09,10 おもちゃ

キャンディー型、おにぎり型、ブレスレット型のおもちゃ3種類。
はじめてのおもちゃは、やさしい触り心地にやわらかな色合わせで。
鈴を入れればラトルにもなります。

13×7㎝（上）、6.5×6.5㎝（中）、長さ19㎝（下）
how to make ▷ p.82、84、85

11 かぼちゃパンツ

かぼちゃパンツは、ベビーの時期だからこそ着せたいアイテム。
シンプルなメリヤス編みでも引き揃えにすることで、
ふわっとしたやわらかなニュアンスが生まれます。

80〜100サイズ　how to make ▷ p.87

12 レッグウォーマー

伸縮性のあるゴム編みで、足元あったかのレッグウォーマー。
肌寒く感じる秋から暖かくなる春先まで、長く使えます。
普段挑戦しづらい色でも楽しめるアイテムです。

長さ21㎝（左）、長さ18㎝（右）
how to make ▷ p.86

13 ブランケット

蛍光色で入れた周りのピコットがポイントのブランケット。
コットン糸なので、ザブザブと洗濯ができて便利です。
夏掛けやベビーカー用のひざ掛けとしても活躍してくれそう。

75×75cm

how to make ▷ p.90

14 セットアップ

水玉っぽい地模様のラグランプルオーバーとパンツのセットアップ。
上下揃えて着るとちょっとフォーマルな雰囲気に。
別々でも楽しめる、コーディネートの幅が広いアイテム。

80～90サイズ

how to make ▷ p.92

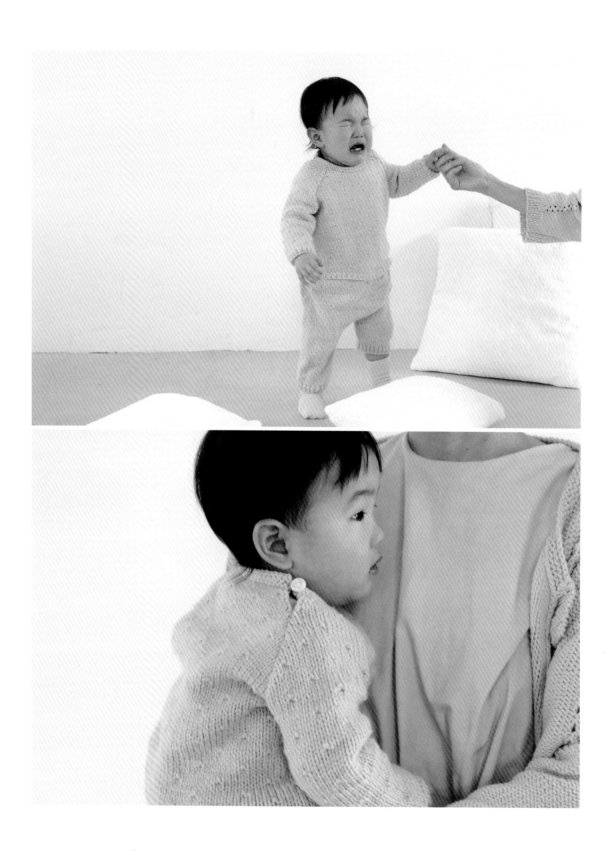

15 帽子

ベージュ、グレー、オレンジの3本取りで、
存在感のある編み地が可愛い、ポンポン付きのニット帽。
普段使いに活躍してくれること間違いなしのデザインです。

頭回り50㎝　how to make ▷ p.98

16 プルオーバー

真っ赤なポケットがアクセントのプルオーバーは重ね着がおすすめ。
ややゆったりのシルエットなので、大きくなったら、
ボレロとして合わせても可愛いデザイン。

80~110サイズ　how to make ▷ p.100

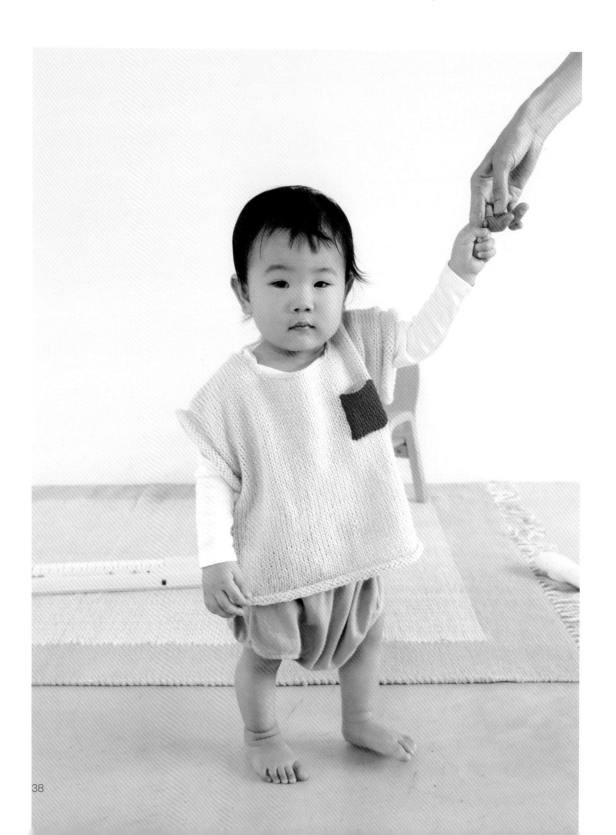

17 ポンチョ

すぽっと簡単に着せられて、何かと重宝するポンチョ。
メリヤス地の編み込みは、色合わせのバランスで雰囲気を変えられます。
これで寒い日のお出かけもごきげんです。

70サイズ
how to make ▷ p.103

18 ナップサック

メリヤス編みのナップサックは、ベビーでも安心の軽い背負い心地。

おもちゃやお菓子を入れたら、お出かけが楽しくなりそう。

後ろ姿にキュンとします。

21×18㎝

how to make ▷ p.106

19 サロペット

ひもの長さを調整することで、長く着られる模様編みのサロペット。

中に合わせる服次第で、普段使いにも、少しカチッとしたおめかしにも幅広く使えます。

80〜90サイズ

how to make ▷ p.109

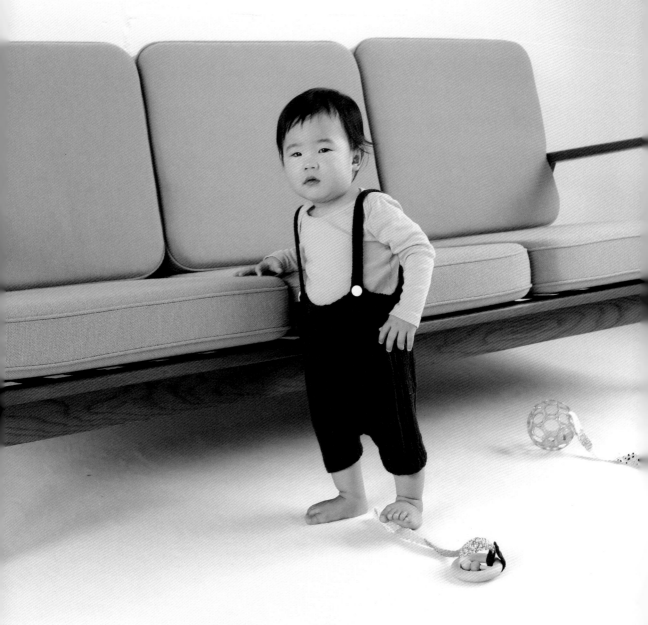

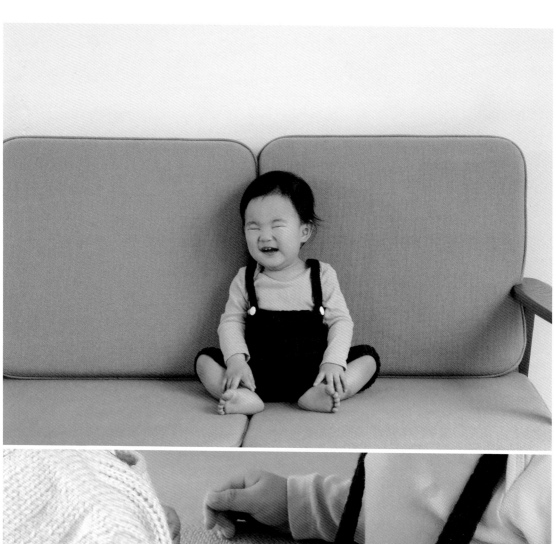

20 ストラップ

ベビーカーやバッグにおもちゃを付けるためのストラップは、
残り糸を組み合わせて。細編みで好みの長さにしたら、
両端にスナップボタンを縫い付けるだけ。

長さ50cm

how to make ▷ p.108

How to make 01

本書に掲載されている作品の作り方の基礎となる、

道具、ゲージ、作り方のこと、基本の編み方、

部分的な作り方レッスン、サイズ調整のことなどを解説します。

65ページからの How to make 02 と併せてご覧ください。

道具のこと

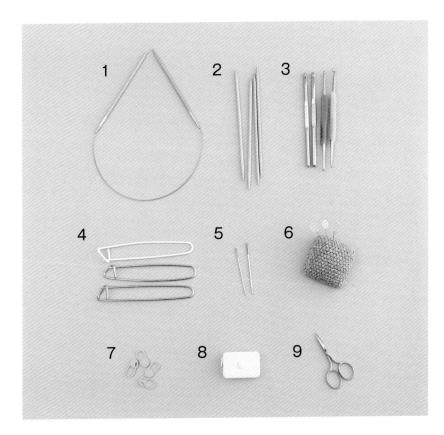

1. 輪針

2本の針をビニール製のコードで繋いだ棒針。輪編みをする時に便利で、往復編みでも使用可能です。本書では、往復編みの作品も輪針を使用しています。太さは号数で表され、数字が大きいほど太くなります。使用する針の太さは、使用する糸の太さに合わて選びます。

3. かぎ針

針先がかぎ状になっている針。かぎ針編みの作品を編むほか、鎖編みなどをする時に使用します。針の太さは棒針と同様に数字で表され、数字が大きいほど太くなります。

5. とじ針

太めで針先に丸みがあり、針穴も大きい毛糸用の針。糸始末や、編み地をとじたり、接ぎ合せたするのに使用します。

7. 段目マーカー

段数を数えた時の目印として編み地に掛けて使用します。安全ピンのような形になっていて、取り外し可能です。

9. 糸切りばさみ

糸を切る時に使用します。切れ味のいい、手のサイズに合ったものを用意しましょう。

2. 4本棒針

筒状に輪編みをする時に使用する棒針。両側が尖っていて、どちらからでも編むことが可能です。針の太さは輪針と共通です。本書では、p.28の12 レッグウォーマーで使用しています。

4. ほつれ止め

編んでいる途中、編み目をそのままの状態で休ませておきたい時に使用する、安全ピン型の道具です。

6. まち針

編み地を接ぎ合わせる時の仮どめや、仕上げのアイロンがけの時に使用します。ニット用でも、布用でも、どちらでも大丈夫です。

8. メジャー

ゲージやサイズの確認に使用します。定規でも代用可能ですが、編み地に沿わせて測れるメジャーの方が便利です。

ゲージのこと

編み地の10cm角あたりの目数×段数を表示したものを「ゲージ」といいます。ゲージは、サイズ通りに編むための目安になります。例えばゲージの表記が「メリヤス編み 16目26段(10cm四方)」の場合は、10cm角の中に、横に16目、縦に26段が入るようにメリヤス編みが編めていれば、ゲージ通りになるので、完成もサイズ通りということになります。ゲージ通り編むために、始めに、使用する糸と針で試し編みをしてみましょう。15cm角程度で試し編みをしてみて、中央部分の10cm角内の目数×段数を数えます。それを表記のゲージと照らし合わせることで、編んだ時のサイズを予測できます。試し編みが、表記のゲージより目数や段数が多い場合は、少しゆるめに編むか、針を1号太くして編みます。また、少ない場合は、少しきつめに編むか、針を1号細くして編みます。このようにしてサイズを調整しましょう。

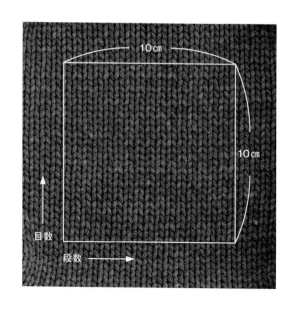

作り方のこと

p.65からの「How to make 02」に、それぞれの作品の製図、編み図、仕立て方図(仕立てが必要なもののみ)が掲載されています。始めに製図と編み図を確認して、各パーツを編み、仕立てが必要なものは、仕立て方図に従って、仕立ててください。製図は、設計図のような役割で、編む目数や段数、サイズ、編み地の種類、仕立て指示など、全体を表記しています。上級者の方は、これだけを見て編むことも可能かと思います。そして、編み方だけの詳細を示したものが編み図です。編み方や目数、段数が同じ編み方でくり返しの場合は、一部省略して表記されている場合もあります。「基本の編み方」が、p.51〜54に掲載されていますので、編み図内の編み図記号は、基本と照らし合わせながら編んでください。仕立て方図は、パーツを編んだ後の仕立てや、袖口や襟ぐりの仕上げなどを図で示しています。基本の編み方以外の、編む時のワンポイントや、仕立て時の詳細などは、p.55からのLessonで紹介しています。併せてご確認ください。

製図内の曲線部分の減らし目の表記について

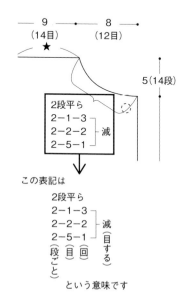

基本の編み方

本書で使用している基本の編み方を紹介します。各作品の編み図は、この中に出てくる記号の組み合わせでできています。記号と編み方を確認しながら編んでみましょう。

● 棒針編み
一般的な作り目

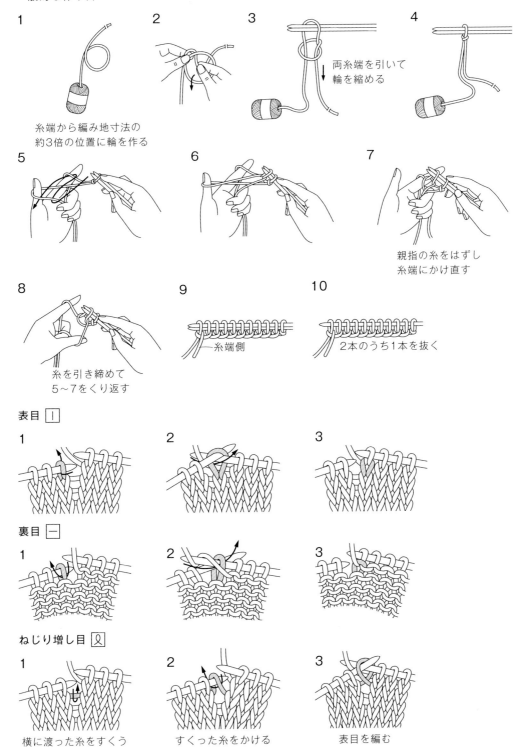

1
糸端から編み地寸法の
約3倍の位置に輪を作る

2

3
両糸端を引いて
輪を縮める

4

5

6

7
親指の糸をはずし
糸端にかけ直す

8
糸を引き締めて
5〜7をくり返す

9
糸端側

10
2本のうち1本を抜く

表目 |

1

2

3

裏目 一

1

2

3

ねじり増し目 欠

1
横に渡った糸をすくう

2
すくった糸をかける

3
表目を編む

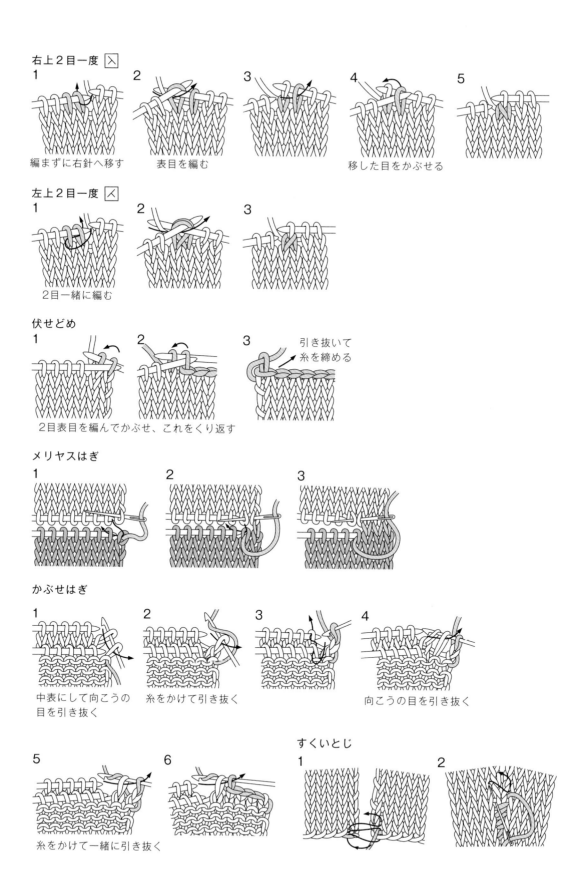

右上2目一度 入
1　編まずに右針へ移す
2　表目を編む
3
4　移した目をかぶせる
5

左上2目一度 人
1
2
3
2目一緒に編む

伏せどめ
1
2
3　引き抜いて糸を締める
2目表目を編んでかぶせ、これをくり返す

メリヤスはぎ
1
2
3

かぶせはぎ
1　中表にして向こうの目を引き抜く
2　糸をかけて引き抜く
3
4　向こうの目を引き抜く
5　糸をかけて一緒に引き抜く
6

すくいとじ
1
2

●かぎ針編み

作り目　糸端を輪にする方法

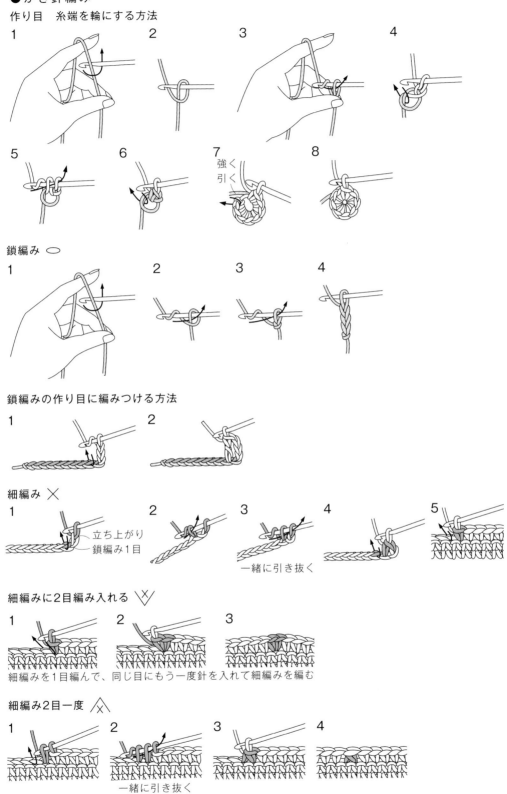

1　2　3　4

5　6　7 強く引く　8

鎖編み ◯

1　2　3　4

鎖編みの作り目に編みつける方法

1　2

細編み ✕

1　立ち上がり　鎖編み1目　2　3 一緒に引き抜く　4　5

細編みに2目編み入れる ⋁

1　2　3

細編みを1目編んで、同じ目にもう一度針を入れて細編みを編む

細編み2目一度 ⋀

1　2 一緒に引き抜く　3　4

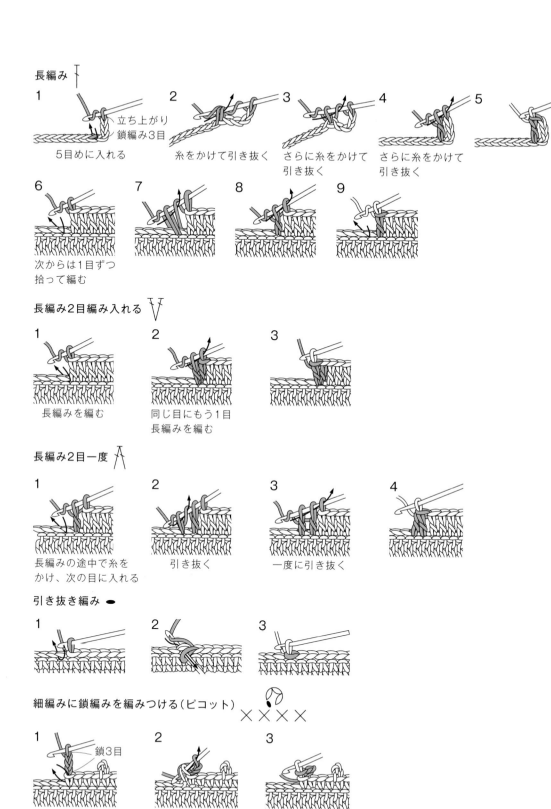

長編み

1 立ち上がり
鎖編み3目
5目めに入れる

2 糸をかけて引き抜く

3 さらに糸をかけて
引き抜く

4 さらに糸をかけて
引き抜く

5

6 次からは1目ずつ
拾って編む

7

8

9

長編み2目編み入れる

1 長編みを編む

2 同じ目にもう1目
長編みを編む

3

長編み2目一度

1 長編みの途中で糸を
かけ、次の目に入れる

2 引き抜く

3 一度に引き抜く

4

引き抜き編み

1

2

3

細編みに鎖編みを編みつける（ピコット）

1 鎖3目
鎖3目編み、細編みに
針を入れる

2 糸をかけて一緒に
引き抜く

3

Lesson 01

糸の交差の仕方

p.12の02 ブランケット(p.66)の編み込み模様で行なっている、縦に糸を渡す場合の糸の交差の仕方を解説します。パッチワーク風の編み込み模様の場合は、糸の変更の目でこの方法を加えることで、裏側の糸が美しく仕上がります。

※わかりやすくするため、糸の色は変更し、目数と段数は減らしています。完成のみ p.12の作品を使用しています。

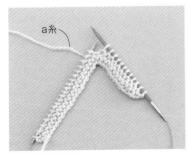

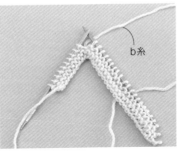

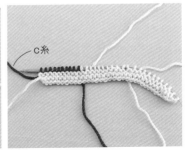

1. 1色目のa糸で、指定の段数をガーター編みし、続けて、糸を変更する段の指定の目数まで a糸で編みます。

2. a糸はそのまま休ませ、編み図に沿って、2色目のb糸に変えて指定の目数まで編みます。

3. b糸もそのまま休ませ、3色目のc糸に変えて、段の最後まで編みます。

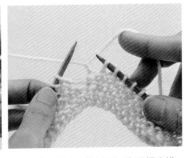

4. 次の段は、続けて c糸で編み進めます。編み図の糸の変更の目まで編んだら、c糸を休ませておいた b糸に十字に重ねます(左)。矢印の通りにb糸をc糸に絡めて(右)、編み図に沿ってb糸で編みます。

5. a糸との変更の目まで編み進め、4と同様に、b糸とa糸を交差して(左)、絡め(右)、a糸で段の最後まで編みます。

6. 次の段は、続けて a糸で編み進めます。糸の変更の目まで編んだら、今度は針の後ろでb糸と交差させてから、b糸で編みます。

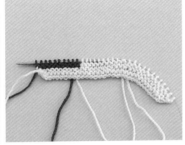

7. c糸との変更の目まで編んだら、同じように針の後ろでc糸と交差させます。

8. c糸で編み進め、1往復編み終えたところです。同様にして、糸の変更の目のところで糸同士を交差させて編み進めます。

9. 完成品の裏側です。糸同士を交差させることで、糸を変更しても穴が空かずに、しっかりと糸が縦に渡ります。

Lesson 02
直線部分の目の拾い方

p.10の01 カーディガンの袖(p.79)や、p.38の16 プルオーバーの袖(p.100)などの、直線部分の目の拾い方を解説します。拾う場所の段数に対して、拾う目数が少ないので、バランスよくするために、数段に1段飛ばしながら拾うと、その後の仕上がりもきれいです。

※わかりやすくするため、糸の色は変更し、目数と段数は減らしています。

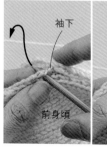  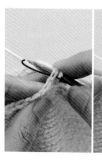 

1. 前身頃側の袖下、1目めと2目めの間に針を入れ(左)、手前に糸を引き出します(右)。

2. 上の段の同じ目の間に針を入れ(左)、同様に手前に糸を引き出します(右)。

3. 1段飛ばし、同様に糸を引き出します。

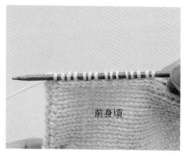 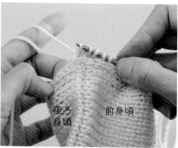 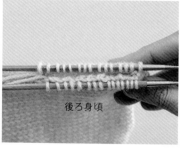

4. 拾う目数が部分的に偏らず均等になるように、数段に1段飛ばしながら目を拾います。前身頃側の目が拾えました。

5. 肩の接ぎ線を飛ばして、前身頃側と同じ要領で続けて後ろ身頃側の目を拾います。

6. 後ろ身頃側の袖下まで同様に進めます。後ろ身頃側も数段に1段飛ばしながら、偏らないように均等に、目を拾います。

── 引き揃えのこと ──

本書では、色や太さ、質感の異なる複数の糸を揃えて一緒に編む「引き揃え」のテクニックを多く使用しています。引き揃え編みは、1本だけでは出せない繊細な色合いや複雑な表情が生まれ、オリジナリティある編み地に仕上がるのが魅力です。編む際は糸が絡まりやすいので、糸をしごいてたるみをなくしてから編むのが、きれいに編むポイントです。

Lesson 03
曲線部分の目の拾い方

p.16の04 ベストの袖口(p.70)などの曲線部分の目の拾い方を解説します。拾う場所の段数に対して、拾う目数が少ないので、減らし目をしている曲線部分は数段に1段飛ばしながら拾い、直線部分はそのままの段数を拾うようにするのが、バランスよく仕上げるポイントです。

※わかりやすくするため、糸の色は変更し、目数と段数は減らしています。

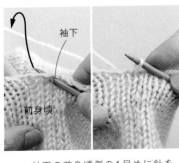

1. 袖下の前身頃側の1目めに針を入れ(左)、手前に糸を引き出します(右)。

2. 1目飛ばして針を入れ、糸を引き出します。減らし目をしていない直線部分はそのままの数で目を拾うので、減らし目をしているここの曲線部分で、拾う目数の調整をします。

3. 同様に目を拾っていきます。減らし目をしている曲線部分は、均等なバランスで数段に1段飛ばし、糸を引き出します。

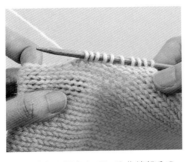

4. 減らし目をしている曲線部分の目が拾えたところです。決まりはありませんが、数段に1段飛ばして、バランスよく目を拾うのがポイントです。

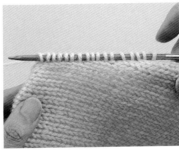

5. 直線部分は飛ばさず、そのままの数の目を拾います。

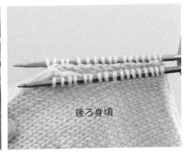

6. 後ろ身頃側の袖下まで同様に進めます。後ろ身頃側も直線部分はそのまま、曲線部分は数段に1段飛ばしながら均等に、糸を引き出して目を拾います。

襟の目を拾う場合は、中心にまち針で印をつけ、その印を目安に目を拾います。拾う目数が2等分になり、左右対称を意識しながら拾うようにすると、バランスよく拾うことができます。

Lesson 04
身頃と袖のとじ方

p.32の14 セットアップ（p.92）のトップスの身頃と袖のとじ方を解説します。合わせる部分の目数が違うので、中心にまち針を打ち、襟ぐりから前の中心、前の中心から脇、脇から後ろの中心、後ろの中心から襟ぐりと、分けて合わせていくのが、きれいに仕上げるポイントです。
※わかりやすくするため、糸の色は変更しています。

1. 前後の身頃を両脇で、袖を袖下で、それぞれすくいとじをします。

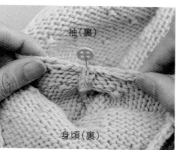

2. 身頃と袖の脇を合わせて、まち針でとめます。

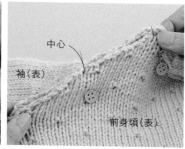

3. 身頃と袖の前の袖ぐりを合わせて、襟ぐり側と中心の2か所をまち針でとめます。

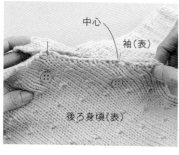

4. 後ろも同様に、身頃と袖の袖ぐりを合わせて、襟ぐり側と中心の2か所をまち針でとめます。

5. 前身頃の残り糸をとじ針に通します。始めに、袖の伏せ目を1目すくいます。

6. 前身頃の袖ぐりの端の目を1目すくいます（左）。続けて、袖の袖ぐりの端の目を1目すくい（右）、糸を引きます。

7. 同様に端の目をそれぞれ1目ずつすくって糸を引き、前身頃と袖を合わせていきます。

8. まち針でとめた中心までがずれずに合うように、前身頃と袖をとじます。

9. 中心までをとじたら、次は中心から脇までを合わせながら同様にとじます。

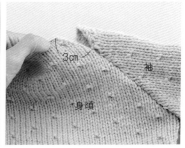

10. 脇部分は接ぎ線をはさんで半目ずつすくい（左）、袖も同様に、接ぎ線をはさんで半目ずつすくい（右）、糸を引きます。

11. 後ろ身頃側も前身頃側と同じ要領で、脇から中心まで、中心から襟ぐりまでが、それぞれずれずに合うように、とじ合わせていきます。

12. 右後ろはボタンを付けるので、襟ぐりから3cm程度を残し、手前までとじます。左は襟ぐりまで全部とじます。

編み地のこと

基本の編み方を組み合わせてできるさまざまな編み地。
ここでは、本書で使用している棒針編みの編み地の一部を紹介します。

メリヤス編み
表側から見るとすべて表目になっている棒針の基本的な編み地。「表編み」とも呼ばれています。

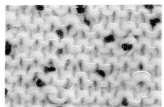

ガーター編み
裏表がないため、メリヤス編みに比べると、平らで反り返りがなく、縦に縮んだ仕上がりになります。

かのこ編み
上下左右に表目と裏目1目ずつ、交互に並べた編み地。ブツブツとした、凹凸のある模様が特徴的。

模様編み
表目と裏目の組み合わせだけでできる模様編み。縦方向に目を揃えることで、伸縮性のある編み地になります。

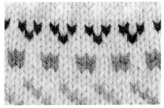

メリヤス編みの編み込み模様
編み方は基本のメリヤス編み。糸を変えて模様を浮かばせることで、楽しいバリエーションの編み地が生まれます。

メリヤス編みの地模様
基本のメリヤス編みの途中に、規則的に裏目を1目入れることで、小さな水玉模様のような編み地が浮かび上がります。

Lesson 05

ポケットの付け方

p.38の16 プルオーバー(p.100)のポケットの付け方を解説します。付け位置は、作り方を参照し、好みのバランスで決めます。メリヤス編みの編み地なので、両脇はすくいとじ、底はメリヤス接ぎでとじることで、境目が自然に美しく仕上がります。

※わかりやすくするため、糸の色は変更しています。

1. 身頃の表側のポケット付け位置に、ポケットの表側を上にして重ねてまち針でとめます。

2. ポケットの残り糸をとじ針に通します。糸が出ている側から縦、横、縦の順で、続けてとじ進めます。始めに、身頃の目と目の間の横に渡っている糸を針ですくいます。

3. ポケットの端から1目内側の横に渡っている糸をすくい、糸を引きます。これをくり返し、縦(ポケットの脇)をとじます。

4. 横(ポケットの底)は、メリヤス接ぎでとじます。始めに、身頃のVの字の目を針ですくいます。

5. 次に、ポケットの角の1段目のハの字の目を針ですくい、糸を引きます。

6. 4ですくった目の隣のVの字の目をすくいます。

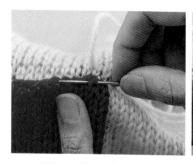

7. 続けて、5ですくった目の隣のハの字の目をすくって、糸を引きます。これをくり返し、横(ポケットの底)をとじます。

8. もう片方の脇は、2〜3を参照し、同様にとじます。

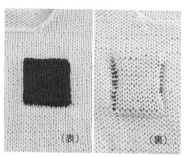

9. ポケットが付きました。残った糸の始末をして、完成です。

Lesson 06
ゴム通しの巻きかがりの仕方

p.18の05 付け襟（p.72）、p.26の11 かぼちゃパンツ（p.87）、p.32の14 セットアップ（p.92）のゴム通し部分の始末の仕方を解説します。巻きかがりは、編み地の裏側の糸だけをすくい、表に糸が出ないようにすることがきれいに仕上がるポイントです。

※わかりやすくするため、糸の色は変更しています。

1. ゴム通しの折り返し位置を目安に、外表にひと折りしてまち針でとめます。

2. とじ針に糸を通します。始めに、作り目（付け襟の場合は伏せどめの目）を1目すくいます。

3. 次に、折り返し位置の裏目だけを1目すくい（★）、2ですくった位置から1〜2目飛ばした目（▲）を1目すくいます。

4. 続けて★から1〜2目を飛ばした裏目だけを1目すくい、▲から1〜2目を飛ばした目を1目すくいます。

5. これを同様にくり返し、ゴム通しの折り返し位置を巻きかがりでとめていきます。

6. 縫い始めから2cm程度手前まで、ぐるりと縫い進めます。

7. 針と糸はそのままで、ゴムを通します。ゴムの端は、まとめてひと結びします。

8. 休ませておいた針と糸で縫い始めまで巻きかがりし、残りの糸と縫い始めの糸を始末して、完成です。

洗濯のこと

ニットの洗濯は、自宅でも気軽に行えます。裏返して洗濯ネットに入れ、中性のおしゃれ着洗い用洗剤を使って、手洗いコースで洗います。乾かす時は、やさしく形を整えて、平らに干しにします。乾燥機は、縮みや型崩れの原因になりますので、使用しないようにしましょう。

サイズ調整のこと

各作品は、基本的に作り方に掲載している同じ太さの糸と針でゲージ通りに編むと、製図の表記通りのサイズででき上がります。サイズ通りに編むために、始めに試し編みをすることをおすすめしています（p.50「ゲージのこと」参照）が、同じ条件でも、編む時の手加減によって多少の差異が生じてしまうことがあります。編む人によって完成に違いが出るのは、手編みの良さでもあるので、あまり表記のサイズにとらわれ過ぎないようにしましょう。また、本書は身につけるものを中心に掲載しているので、ぜひ着る人に合わせたサイズの調整をして編んでみてください。デザインによって、サイズ調整が難しいものもありますが、コツがわかれば、編んでいるうちに子供が成長してサイズが変わり着られなくなってしまったり、ワンシーズンで着られなくなってしまうという悩みも解消できます。デザインに影響するため、大きくサイズを変更することはできませんが、サイズや体型に合わせて、ワンサイズ程度の調整は可能です。ここでは、作品を例にサイズ調整のポイントを紹介します。各作品の詳しいサイズ調整については、p.65からの作り方の「サイズ調整の仕方」をご覧ください。

●少し大きく、少し小さく編みたい場合

全体的に少しだけ大きく編みたい場合は、表記の針より1～2号太い針を使って編みます。反対に、少しだけ小さく編みたい場合は、表記の針より1～2号細い針を使って編みます。ベビーニットなので、数cmのサイズアップやサイズダウンの場合は、この方法が一番簡単です。また、この方法ならば、全体のデザインのバランスも変えずに編むことができます。

●かぎ針編みの作品の場合

帽子のような、輪から編み始めて放射状に目数を増減させている作品の場合、増減の法則に則って目数と段数を増減させてサイズを調整します（各作品の「サイズ調整の仕方」参照）。また、かぎ針編みの場合は、針を離すことができるので、帽子などは編み途中で実際に被らせてサイズを確認すると、ぴったりのサイズに仕上げることができます。p.20の06 靴下（p.74）のような作品の場合は、側面の段数を増減させることで、長さを調整できます（下図参照）。足長を調整したければ、下図❶の部分を、丈を調整したければ、下図❷の部分の段を増減させてください。大幅な増減は、デザインのバランスを損なうので、気をつけながら調整しましょう。

靴下　編み図（側面）

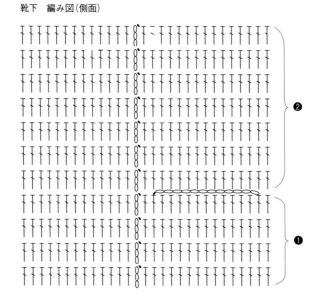

● 棒針編みの作品の場合

棒針編みの場合、デザインによって多少の違いはありますが、直線部分の段数や目数を増減することでサイズを調整することができます。p.16の04 ベスト（p.70）を例に説明します（下図参照）。着丈を調整したい場合は、メリヤス編みの1〜24段までが増減なしで真っ直ぐに編んでいるので（❶）、段数を増やせば、着丈が長くなり、段数を減らせば、着丈が短くなります。身幅を調整したい場合は、両肩部分が増減なしで真っ直ぐに編んでいるので（❷）、最初の作り目で目数を4の倍数で増減させ、その目数を前身頃と後ろ身頃の両肩4か所に均等に振り分けると、身幅が変えられます。かぎ針編み同様、目数や段数の大幅な増減は、デザインのバランスを変えてしまうので、気をつけながら調整しましょう。また模様編を使用した作品の場合は、1つの模様単位で目数や段数を増減させることで、美しい編み地のまま、サイズを調整することができます。

ベスト　編み図

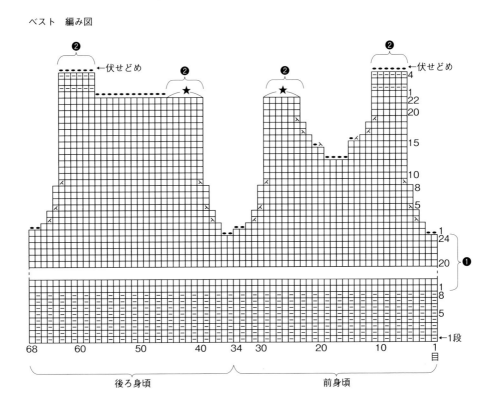

● 糸を変えて編む場合

編みものは、選ぶ糸の太さや素材によって、編み上がりの印象や風合いだけでなく、サイズも変わります。同じ編み図で編んでも、秋冬用のウール糸で編んだ場合（上）と、春夏用のコットン糸で編んだ場合（下）ではサイズにも違いが出ます。糸が細い春夏用のコットン糸の方が、少し小さく仕上がります。同じデザインのものをシーズンを変えて編む場合は、そのことも加味してサイズを調整しましょう。

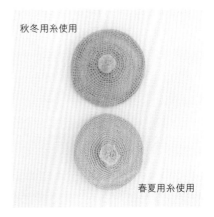

秋冬用糸使用

春夏用糸使用

Lesson 07
伏せどめの解き方

成長にともない、袖や裾を編み足して長くしたい場合の、伏せどめの解き方を解説します。p.10の01 カーディガン(p.79)や、p.32の14 セットアップ(p.92)のパンツなどは、袖や裾を解きながら目を拾い、そこに編み足すことで、長く着ることができます。

1. 編み地に編み入れていた糸始末を解きます。

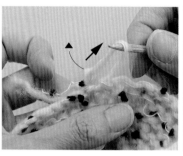

2. 伏せどめの最後に輪(▲)の中に通してとめていた糸端を引き抜きます。

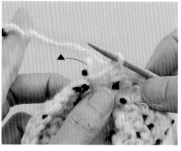

3. ▲の手前の輪に針を通します。

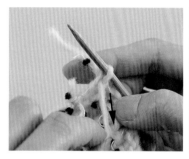

4. 糸端をゆっくりと引き抜きます。

5. これで1目拾えました。▲の目の手前の糸に矢印のように針を通してから、ゆっくりと糸を引きます。

6. これで2目拾えました。

7. 同様にして、輪の手前の糸に針を通し、目を針で拾いながら解いていきます。

8. 伏せどめを解き、すべての目を拾い終えました。

9. 同じ糸を使い、好みの長さまで編みます。最後は伏せどめをして、完成です。

How to make 02

本書に掲載した全作品の作り方を解説します。

・図中の数字の単位は㎝（センチメートル）です。

・糸に「①a②DARUMA③やわらかラム（④＃11⑤ストーン）…⑥125g」
　と表記されていた場合、①製図・編み図などと連動した合番号、②メーカー名、
　③商品名、④色番号、⑤色名、⑥必要量を意味しています。

・針は作品に使用した針を表記しています。

・ゲージは糸と編み地に適した目数と段数を表記しています。

・でき上がりのサイズは、多少の差が出ます。

02 ブランケット p.12

糸   a DARUMA やわらかラム（＃11ストーン）…125g
        b DARUMA やわらかラム（＃2きなり）…285g
        c DARUMA ダルシャン極細（＃33ピンク）…25g

針   12号棒針

ゲージ ガーター編み　15目28段（10㎝四方）

サイズ 83×80㎝

編み方
糸の色と本数は、製図の組み合わせを参照する。
1. 一般的な作り目で目を作り、すべてガーター
　 編みで編む。始めにa糸で4段編む。
2. 続けて5段めの46目までをb糸で編む。p.55
　 「糸の交差の仕方」を参照し、糸の変更の目で
　 糸を交差して、編み進める。変更の目の裏側は
　 糸が縦にきれいに渡る。
3. 編み図を見て同様に糸を変更しながら、226
　 段まで編み進める。
4. b糸で4段編み、糸を始末して完成。

【製図】

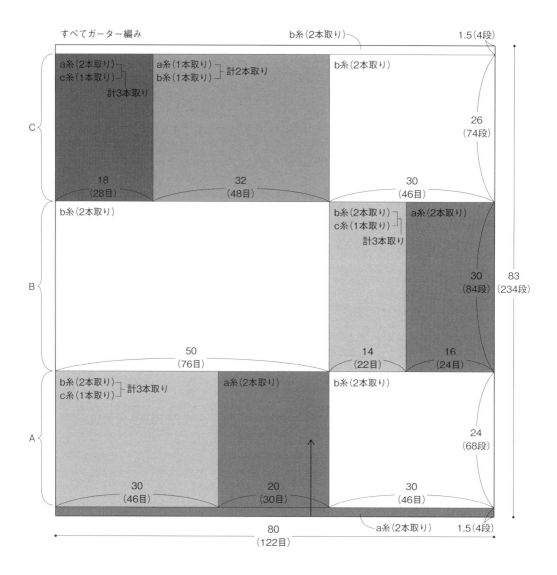

【編み図】

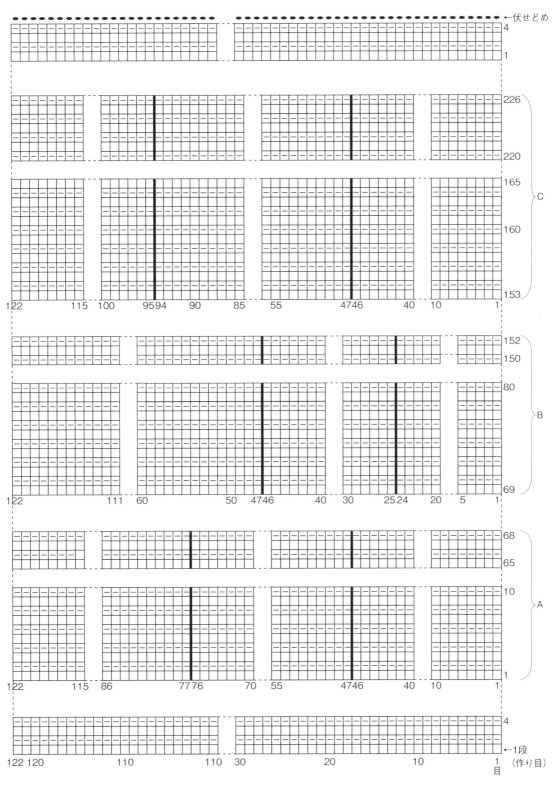

←伏せどめ

←ここで糸を変更

□=Ⅰ 表目

03 ベレー帽 p.14

<table>
<tr><td>糸</td><td colspan="2">グレー
アヴリル ウールリリヤーン（＃172シルバーグレー）…30g
ピンク
DARUMA ニッティングコットン（＃4ペールピンク）…45g</td></tr>
<tr><td>針</td><td colspan="2">7/0号かぎ針</td></tr>
<tr><td>ゲージ</td><td colspan="2">グレー
細編み 19目20段（10㎝四方）
ピンク
細編み 20目22段（10㎝四方）</td></tr>
<tr><td>サイズ</td><td colspan="2">グレー
頭回り46㎝　深さ12㎝
ピンク
頭回り45㎝　深さ10.5㎝</td></tr>
</table>

編み方

糸はすべて1本取りで編む。

1. 糸端を輪にする方法で編み始める。始めに輪の中に細編みを6目編み入れる。これが1段目になる。
2. 2段目からは、段の始めに、立ち上がりの鎖目を編んでから編み始める。
3. 編み図を見ながら細編みの目を増減させ、29段まで編む。
4. 糸端を始末する。
5. 共糸でポンポンを作り、編み始めの位置に付けて、完成。

【製図】

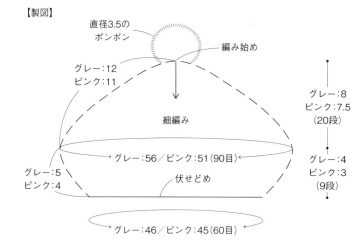

【目数表】

段	目数
28、29	60目増減なし
27	60目（−15）
26	75目（−15）
21〜25	90目増減なし
20	90目（＋6）
19	84目増減なし
18	84目（＋6）
17	78目増減なし
16	78目（＋6）
15	72目増減なし
14	72目（＋6）
13	66目（＋6）
12	60目増減なし
11	60目（＋6）
10	54目（＋6）
9	48目（＋6）
8	42目（＋6）
7	36目（＋6）
6	30目（＋6）
5	24目増減なし
4	24目（＋6）
3	18目（＋6）
2	12目（＋6）
1	わの中に細編み6目

【ポンポンの作り方】

1
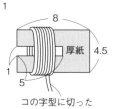
コの字型に切った厚紙に毛糸を60回巻く

2
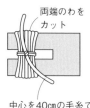
中心を40㎝の毛糸で2回巻き、しっかりと2回結ぶ

3

丸くカットし形を整える

サイズ調整の仕方

大きくしたい場合は、1段目を7目にし、全部の増し目を＋7目にして編み進める。21～25段の増減なしの段は、形のバランスを見ながら2～4段増やす。26～27段は、規則的な減らし目ではなくなってしまうが、15目をバランスよく分散して減らす。小さくしたい場合は、上記を5目に置き換えると小さく編めるが、新生児サイズくらいのかなり小さなサイズになるため、注意が必要。

【編み図】

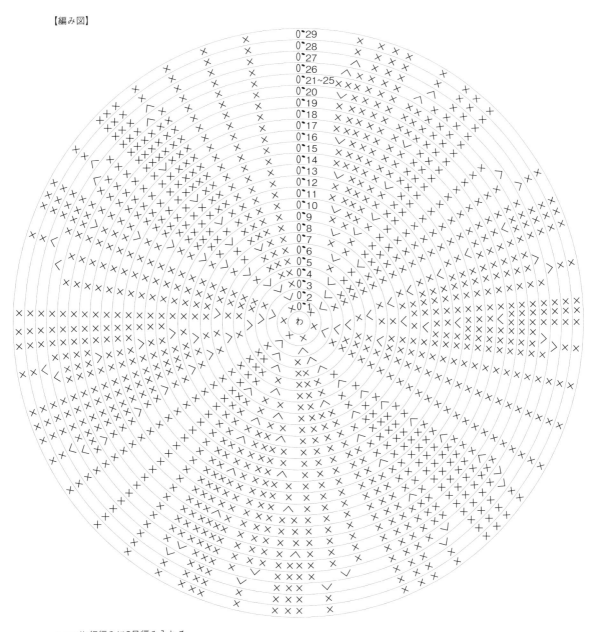

∨＝ᗄ 細編みに2目編み入れる
∧＝⋏ 細編み2目一度

04 ベスト p.16

糸　　a DARUMA LOOP（#7ベージュ）…60g
　　　b DARUMA やわらかラム（#8バニラ）…25g

針　　15号輪針
　　　15号棒針

その他　直径1.8cmボタン2個
　　　　縫い糸

ゲージ　メリヤス編み（a糸）11目15段（10cm四方）

サイズ　着丈34cm　胸囲60cm

編み方
1. b糸を2本取りし、輪針に一般的な作り目で目を作り、輪にして1目ゴム編みで8段編む。
2. a糸に変えて、1本取りでメリヤス編みを24段編む。
3. 編み図通りに、前身頃の袖ぐりと襟ぐりの減らし目、伏せ目をしながら22段、続けて左肩のガーター編みを4段編み、伏せどめをする。
4. 後ろ身頃も袖ぐりの減らし目をしながら22段編み、続けて左肩のガーター編みを4段編み、伏せどめをする。
5. 前後の右肩をかぶせはぎで合わせる。
6. b糸2本取りで、襟ぐりの目を拾い（p.57「曲線部分の目の拾い方」参照）、1目ゴム編みを4段編み、伏せどめをする。
7. b糸2本取りで、袖ぐりの目を拾い、1目ゴム編みを3段編み、伏せどめをする。
8. 左肩にボタンを2個縫い付け、無理穴で通して完成。

サイズ調整の仕方
着丈を調整したい場合は、増減なしで平らに編んでいる身頃の1〜24段までで、調整する。長くしたければ段数を増やし、短くしたければ段数を減らす。身幅を調整したい場合は、最初の作り目で目数を4の倍数で増減させ、その目数を、前身頃と後ろ身頃の両肩4か所に均等に振り分ける。

【製図】

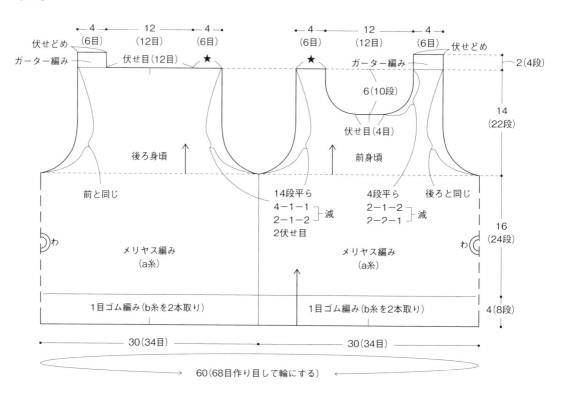

【編み図】

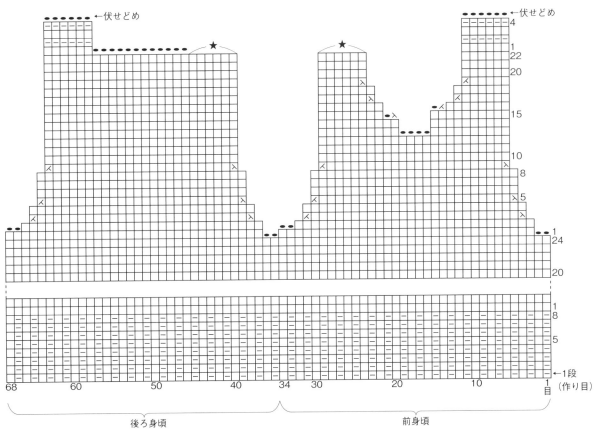

□ = ① 表目
※★は印同士でかぶせはぎ

【襟ぐりの編み方】

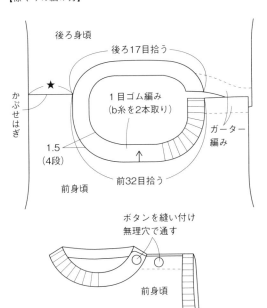

【袖ぐりの編み方】

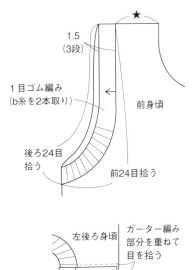

05 付け襟　p.18

糸　　　きなり
　　　　ハマナカ ボーム無垢綿スーピマ（＃81きなり）…35g
　　　　ピンク
　　　　ハマナカ ボームベビーカラー（＃306ピンク）…35g

針　　　5号輪針

その他　1cm幅平ゴム40cm

ゲージ　メリヤス編み　22目26段（10cm四方）

サイズ　首回り25cm

編み方
糸はすべて1本取りで編む。
1. 輪針に一般的な作り目で目を作り、輪にして
　　メリヤス編みで20段編む。
2. 21段目で22目減らし、続けて6段編む。
3. 7段目は裏目を編む。
4. 残りの5段を表目で編み、伏せどめする。
5. 裏目で編んだ部分で外表に折り返し、p.61
　　「ゴム通しの巻きかがりの仕方」を参照して、
　　巻きかがりし、ゴムを通し、完成。

【製図】

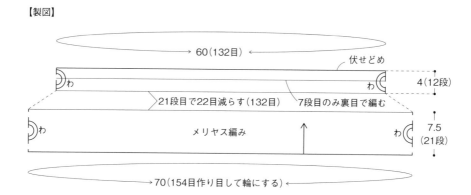

60（132目）

伏せどめ

わ　　　　　　　　　　　　　　　わ　　4（12段）

21段目で22目減らす（132目）　　7段目のみ裏目で編む

わ　　　メリヤス編み　　　わ　　7.5
　　　　　　　　　　　　　　　　　（21段）

70（154目作り目して輪にする）

サイズ調整の仕方

大きくしたい場合は、7目単位で増やし、小さく
したい場合は、7目単位で減らす。幅を変えたい
場合は、減らし目前の20段までを調整するとき
れいに仕上がる。

【編み図】

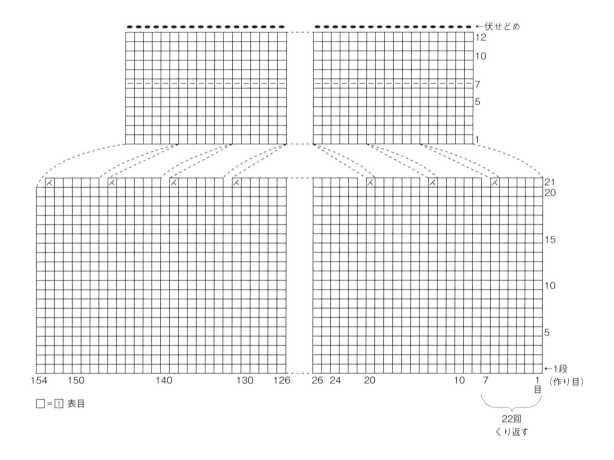

□ = |1| 表目

【仕立て方】

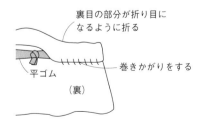

裏目の部分が折り目に
なるように折る

巻きかがりをする

平ゴム

（裏）

06 靴下　p.20

糸　　　ブルー
　　　　a DARUMA やわらかラム（#36ベビーミント）…15g
　　　　b DARUMA やわらかラム（#29ライラック）…5g
　　　　c DARUMA ダルシャン極細（#42サーモン）…5g
　　　　イエロー
　　　　d DARUMA やわらかラム（#3クリーム）…15g
　　　　e DARUMA やわらかラム（#39グレー）…5g
　　　　f DARUMA ダルシャン極細（#5ミント）…5g

針　　　5/0号かぎ針

ゲージ　長編み　18目9段（10cm四方）

サイズ　足長11cm

編み方
糸の組み合わせ、本数は、編み図を参照する。
1. 鎖編みを8目編み、鎖編みの作り目に編みつける方法で作り目し、増し目をしながら長編みで3段つま先を編む。段の編み始めの鎖3目は1目と数える。
2. 続けて側面を編む。片足のみ糸を変えて編む。
3. 8段編んだところで、片足のみ糸を変える。
4. かかとは鎖12目と長編みから12目を拾い、長編みを2段編み、巻きかがりでとめて完成。

サイズ調整の仕方
足長を変えたい場合は、側面のかかとまでの4段部分を増減させ、丈を変えたい場合は、かかとから終わりまでの7段部分を増減させる。1段の増減で約1cm程度長さが違うため、途中で履かせながら調整するとよい。

【製図】

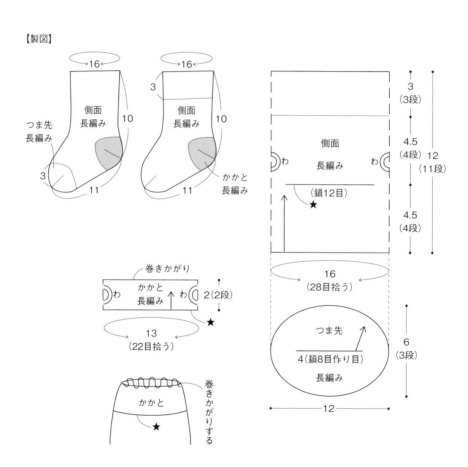

【編み図】

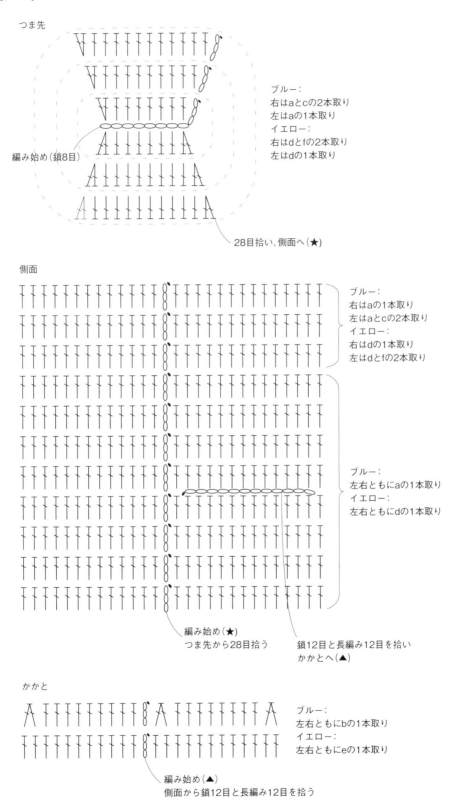

つま先

編み始め（鎖8目）

ブルー：
右はaとcの2本取り
左はaの1本取り
イエロー：
右はdとfの2本取り
左はdの1本取り

28目拾い、側面へ（★）

側面

ブルー：
右はaの1本取り
左はaとcの2本取り
イエロー：
右はdの1本取り
左はdとfの2本取り

ブルー：
左右ともにaの1本取り
イエロー：
左右ともにdの1本取り

編み始め（★）
つま先から28目拾う

鎖12目と長編み12目を拾い
かかとへ（▲）

かかと

ブルー：
左右ともにbの1本取り
イエロー：
左右ともにeの1本取り

編み始め（▲）
側面から鎖12目と長編み12目を拾う

75

糸　　itoito POMPIDOU I（#41オフホワイト）…250g

針　　10号棒針
　　　6/0号かぎ針

その他　直径1.2cmボタン1個
　　　　縫い糸

ゲージ　かのこ編み　16目30段（10cm四方）

サイズ　着丈42cm　胸囲72cm

編み方
1. 前身頃は、一般的な作り目で目を作り、メリヤス編みを2段編む。
2. 続けて、かのこ編みを80段編む。その際、両端はメリヤス編みを2目ずつ入れる。
3. 編み図通りに目を減らし、最終段まで編んだら休ませておく。
4. 後ろ身頃も、一般的な作り目で編み始め、編み図通りに編む。
5. 前身頃と後ろ身頃の両肩をかぶせはぎで合わせる。後ろ身頃の肩以外は伏せどめをする。
6. ボタン、ボタンループを付け、両脇に鎖編みでひもを編み付け、完成。

【製図】

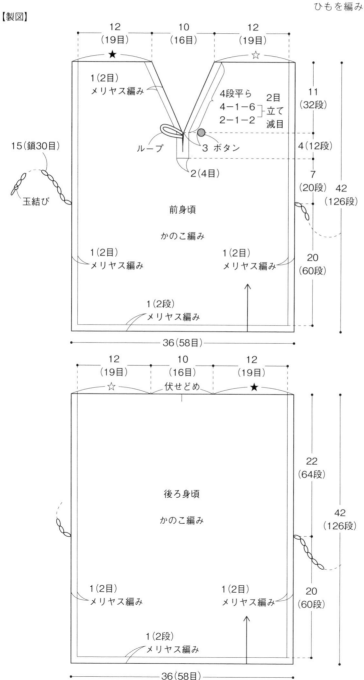

サイズ調整の仕方

ゆったりサイズなので、丈を短くしたい場合は増減なしで編んでいる1〜80段までを減らす。身幅を小さくしたい場合も同様に、増減なしで編んでいる部分を左右均等に減らす。反対に、丈を長く、身幅をゆったりさせたい場合は、増減なしで編んでいる部分の段数を増やし、目数を左右均等に増やす。

【編み図】

前身頃

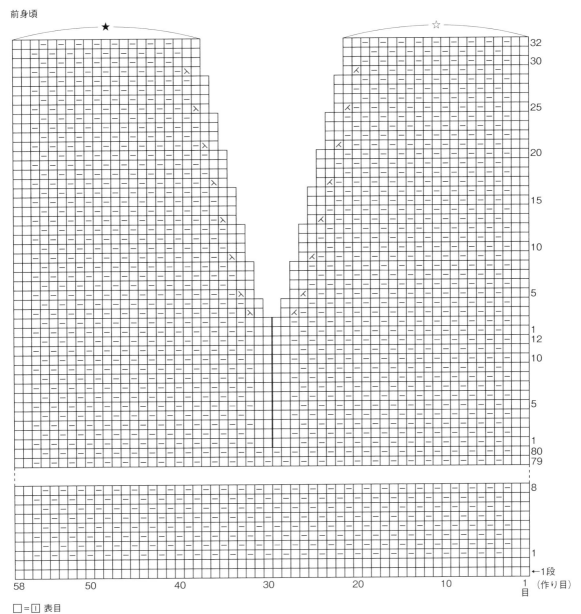

□ = | 表目
※★☆は印同士でかぶせはぎ

【製図】

後ろ身頃

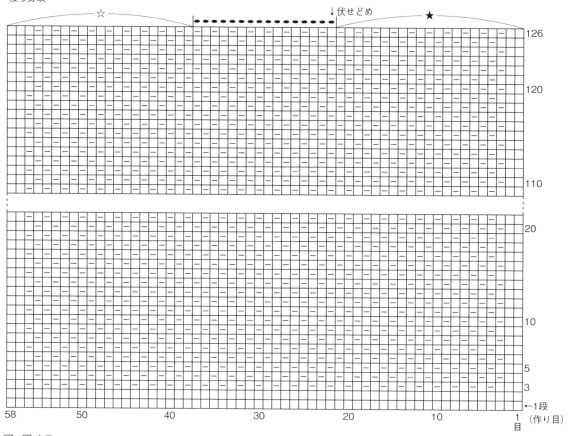

□＝[1] 表目
※★☆は印同士でかぶせはぎ

【仕立て方】

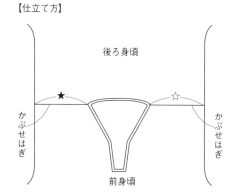

後ろ身頃

★ ☆

かぶせはぎ   かぶせはぎ

前身頃

【ボタンループの編み方】

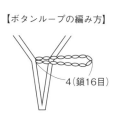

4（鎖16目）

01 カーディガン p.10

糸　　　アヴリル ウールリリヤーン（＃170オートミール）…120g
　　　　アヴリル みずたま（＃181くろつぶ）…50g

針　　　10号棒針
　　　　10号輪針

その他　直径1.5cmスナップボタン1組
　　　　縫い糸

ゲージ　ガーター編み 15目28段（10cm四方）

サイズ　着丈32cm　胸囲66cm　袖丈15cm

編み方

糸はすべて2本を引き揃えにして編む。
1. 一般的な作り目で目を作り、ガーター編みで
   50段編む。
2. 袖付け位置まで編み進んだら、左前身頃、後ろ
   身頃、右前身頃を分けて編む。
3. 左右の前身頃は減らし目をしながら編み、印
   同士でかぶせはぎをし、残りの後ろ身頃は伏せ
   せどめをする。
4. 袖の目を拾い（p.56「直線部分の目の拾い方」
   参照）、身頃と同じガーター編みで、輪で編み、
   伏せどめをする。
5. ボタンを縫い付け、完成。

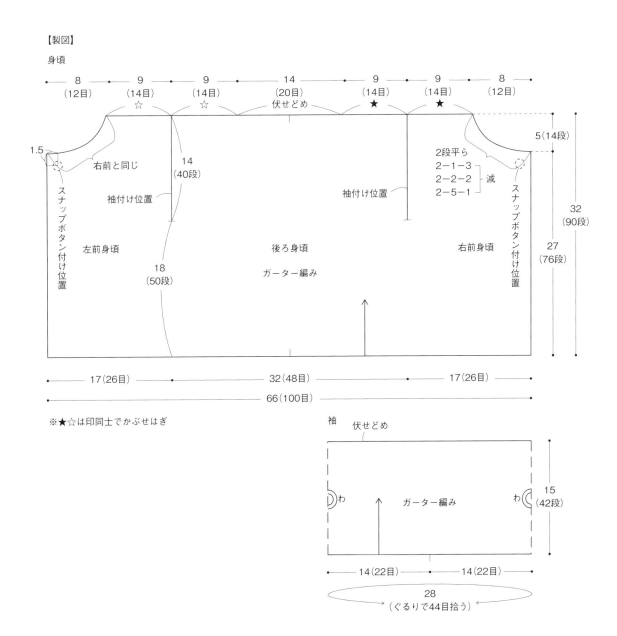

【製図】

身頃

※★☆は印同士でかぶせはぎ

袖

サイズ調整の仕方

ゆったりサイズなので、丈を短くしたい場合や、身幅を狭くしたい場合は、増減なしで編んでいる平らな部分を減らす。身幅は左右均等に減らすこと。成長にともない、袖を長くしたくなった場合は、p.64「伏せどめの解き方」を参照して解き、袖を好みの長さまで編み足す。

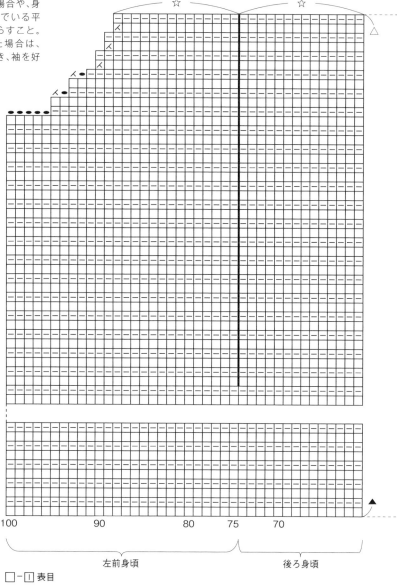

□-│ 表目

※★☆は印同士でかぶせはぎ

【袖の編み方】

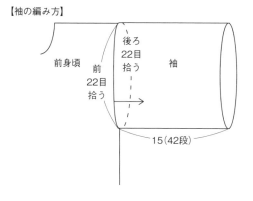

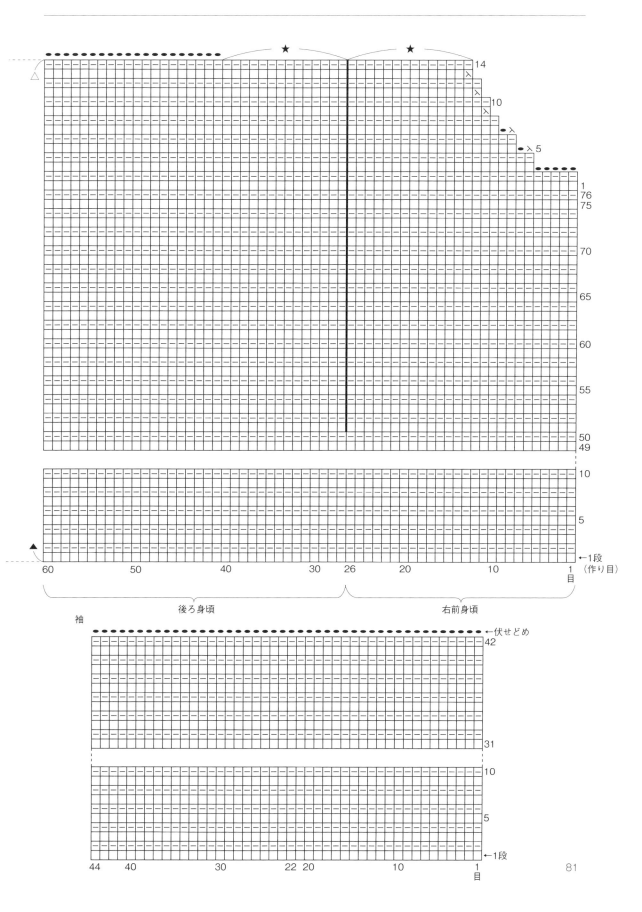

★　　　　　　★

14

10

● 入

● 入 5

1
76
75

70

65

60

55

50
49

10

5

←1段
（作り目）

60　　　　50　　　　40　　　30　26　　20　　　　10　　　　1
目

後ろ身頃　　　　　　　　　　　　右前身頃

袖

←伏せどめ
42

31

10

5

←1段

44　　40　　　　30　　　22 20　　　　10　　　　1
目

糸 　　a ハマナカ ボームベビーカラー（#306パープル）…10g
　　　　b ハマナカ ボームベビーカラー（#92オレンジ）…3g
　　　　c ハマナカ ボームベビーカラー（#97水色）…適宜

針 　　5/0号かぎ針

その他　手芸綿

ゲージ　細編み　20目24段（10cm四方）

サイズ　13×7cm

編み方
糸はすべて1本取りで編む。
1. 本体は、糸端を輪にする方法で編み始める。始めに輪の中に細編みを6目編み入れる。これが1段目になる。
2. 2段目からは、段の始めに、立ち上がりの鎖目を編んでから編み始める。
3. 編み図を見ながら、9段目まで編む。本体の1枚は側面3段を続けて編む。もう1枚は9段目までを編む。
4. 本体に刺繍をする。
5. 棒も糸端を輪にする方法で編み始め、編み図を見ながら16段まで編み、中に綿を詰める。
6. 本体の中に綿を詰め、周りを巻きかがりでとじる。
7. 本体の側面に棒を縫い付け、完成。

【製図】

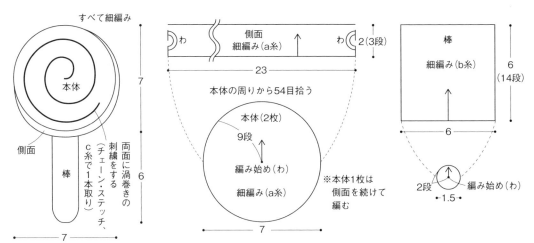

【編み図】

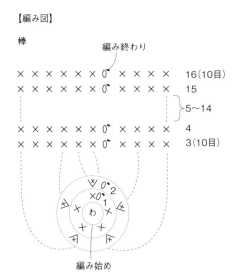

【目数表】

16	10目増減なし
15	10目増減なし
14	10目増減なし
13	10目増減なし
12	10目増減なし
11	10目増減なし
10	10目増減なし
9	10目増減なし
8	10目増減なし
7	10目増減なし
6	10目増減なし
5	10目増減なし
4	10目増減なし
3	10目増減なし
2	10目（+5）
1	わの中に細編み5目

【編み図】　　　　　　　　　　　　　　　　　　　　　　　　　　　　　　　　　【目数表】

本体

側面の編み始め(☆)

9	54目(+6)
8	48目(+6)
7	42目(+6)
6	36目(+6)
5	30目(+6)
4	24目(+6)
3	18目(+6)
2	12目(+6)
1	わの中に細編み6目

編み終わり
(54目)

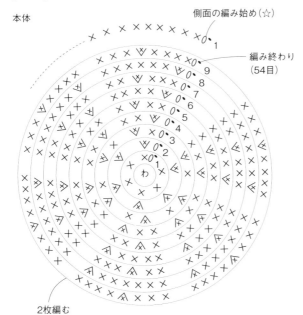

2枚編む
(そのうち1枚は側面を続けて編む)

側面

編み終わり

× × × × × ----- × × × × × × × × 0' × × × × × ×　3
× × × × × ----- × × × × × × × × 0' × × × × × ×　2
× × × × × ----- × × × × × × × × 0' × × × × × ×　1(54目)

編み始め(☆)

【チェーン・ステッチの刺し方】

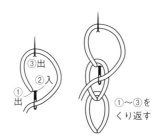

①〜③を
くり返す

【仕立て方】

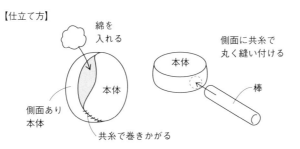

綿を
入れる

本体

側面に共糸で
丸く縫い付ける

本体

棒

側面あり
本体

共糸で巻きかがる

糸	ハマナカ ボームベビーカラー（#92オレンジ）…10g
針	5/0号かぎ針
その他	手芸綿
ゲージ	細編み 24目24段（10cm四方）
サイズ	6.5×6.5cm

編み方
糸はすべて1本取りで編む。
1. 本体は、鎖編みを12目編み、鎖編みの作り目に編みつける方法で、編み始める。
2. 編み図通りに、本体を2枚編み、1枚は続けて側面を編む。
3. 本体に綿を詰めて、もう1枚の本体を合わせ、周りを巻きかがりし、完成。

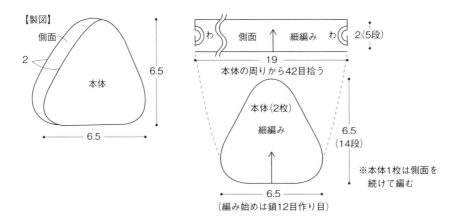

【製図】
側面
2
本体
6.5
6.5

わ 側面 細編み ← わ 2（5段）
19
本体の周りから42目拾う
本体（2枚）
細編み
6.5（14段）
6.5
（編み始めは鎖12目作り目）
※本体1枚は側面を続けて編む

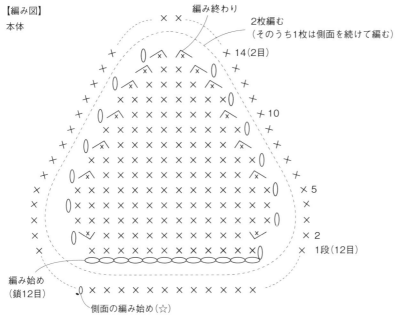

【編み図】
本体
編み終わり
2枚編む
（そのうち1枚は側面を続けて編む）
14（2目）
10
5
2
1段（12目）
編み始め
（鎖12目）
側面の編み始め（☆）

側面
編み終わり
5
2
1段（42目）
編み始め（☆）

【仕立て方】
綿を入れる
側面あり
本体
共糸で巻きかがりする

10 おもちゃ　p.24

糸　　　a ハマナカ ポームベビーカラー（#97水色）…10g
　　　　b ハマナカ ポームベビーカラー（#92オレンジ）…3g
　　　　c ハマナカ ポームベビーカラー（#306パープル）…3g

針　　　5/0号かぎ針

その他　手芸綿
　　　　鈴3個
　　　　直径1.2cmスナップボタン1組

ゲージ　細編み　20目24段（10cm四方）

サイズ　長さ19cm

編み方
糸はすべて1本取りで編む。
1. 球は、糸端を輪にする方法で編み始める。始めに輪の中に細編みを6目編み入れる。これが1段目になる。
2. 2段目からは、段の始めに、立ち上がりの鎖目を編んでから編み始める。
3. 編み図を見ながら細編みの目を増減させ、9段まで編む。綿と鈴を詰め、引き絞ってとめる。a糸、b糸、c糸で各1個ずつ作る。
4. 本体はa糸を使い、同じく糸端を輪にする方法で編み始める。始めに輪の中に細編みを6目編み入れる。編み図を見ながら目を増減させ、綿を詰めて、引き絞ってとめる。
5. 本体に球とスナップボタンを縫い付け、完成。

【製図】

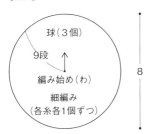

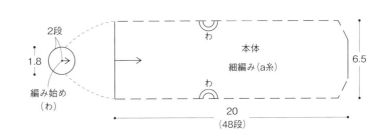

【編み図】

球

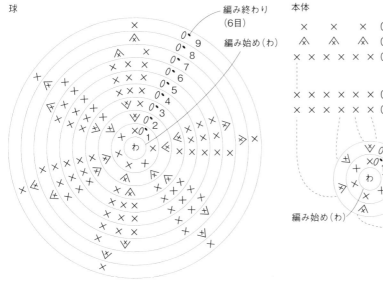

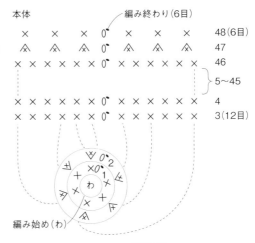

【目数表】
球

9	6目増減なし
8	6目（−6）
7	12目（−6）
4～6	18目増減なし
3	18目（+6）
2	12目（+6）
1	わの中に細編み6目

【目数表】
本体

48	6目増減なし
47	6目（−6）
3～46	12目増減なし
2	12目（+6）
1	わの中に細編み6目

【仕立て方】

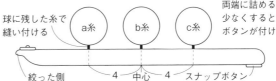

球に残した糸で縫い付ける

両端に詰める綿を少なくすると、スナップボタンが付けやすい

絞った側　　4　中心　4　スナップボタン

12 レッグウォーマー　p.28

糸　　ピンク
　　　DARUMA やわらかラム（#21ピンク）…30g
　　　グリーン
　　　DARUMA やわらかラム（#40グリーン）…25g

針　　5号4本棒針

ゲージ　変わりゴム編み 24目26段（10㎝四方）

サイズ　ピンク：長さ21㎝　グリーン：長さ18㎝

編み方
糸は1本取りで編む。
1. 4本棒針に一般的な作り目で目を作って輪にし、編み図通りに地模様を編む。
2. 長い方（ピンク）は48段、短い方（グリーン）は40段編み、続けて1目ゴム編みを8段編む。
3. 伏せどめし、糸始末をしたら完成。

サイズ調整の仕方
幅を調整したい場合は、10目ずつ増減させて調整する。長さを変えたい場合は、地模様部分の段数を増減させて調整する。

【製図】

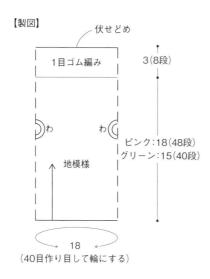

伏せどめ
1目ゴム編み
3（8段）
わ　わ
地模様
ピンク：18（48段）
グリーン：15（40段）
18
（40目作り目して輪にする）

【編み図】

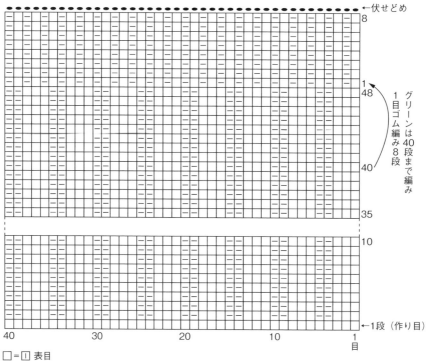

←伏せどめ
8
1
48
グリーンは40段まで編み
1目ゴム編み8段
40
35
10
←1段（作り目）
40　30　20　10　1
目

□＝囗 表目

11 かぼちゃパンツ　p.26

糸　　　DARUMA 手つむぎ風タム糸(#1きなり)…70g
　　　　chocoshoe pomponyarn(水色)…15g

針　　　12号輪針

その他　2.5㎝幅平ゴム65㎝

ゲージ　メリヤス編み 14目20段(10㎝四方)

サイズ　ウエスト50㎝　ヒップ68㎝

編み方
糸は2本を引き揃えにして編む。
1. 輪針に一般的な作り目で目を作り、メリヤス
   編みで20段編む。
2. 編み図通りに21段目で16目増し目し、そのま
   ま28段編む。
3. 減らし目し、もも周りは1目ゴム編みで編み、
   伏せどめし、糸始末をする。
4. 股下をメリヤスはぎで合わせる。
5. ウエスト折り返し位置で外表に折り返し、p.
   61「ゴム通しの巻きかがりの仕方」を参照し
   て巻きかがりし、ゴムを通して完成。

サイズ調整の仕方
ウエストやヒップなどの幅を調整したい場合は、
増減が6目ごとなので、左右6目ずつで、12目単
位で増減させて調整する。

【製図】

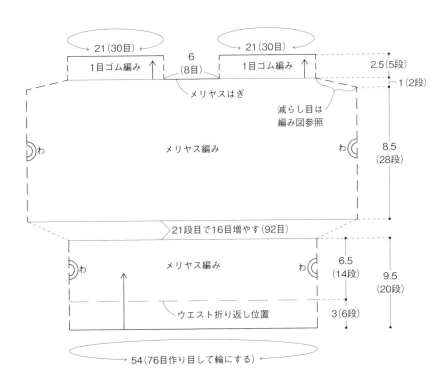

【編み図】

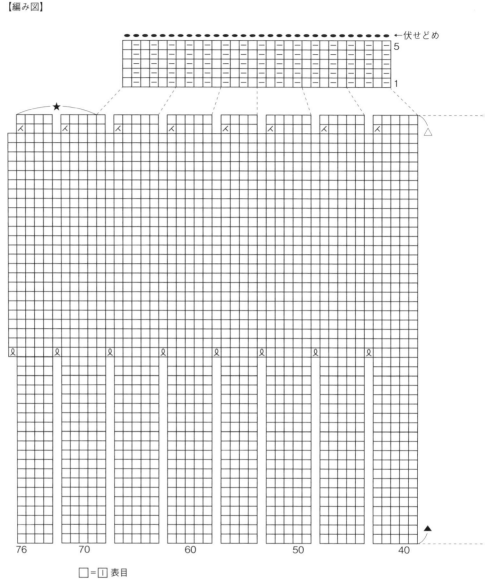

←伏せどめ

5

1

★

76 70 60 50 40

□=□ 表目
※★は印同士でメリヤスはぎ

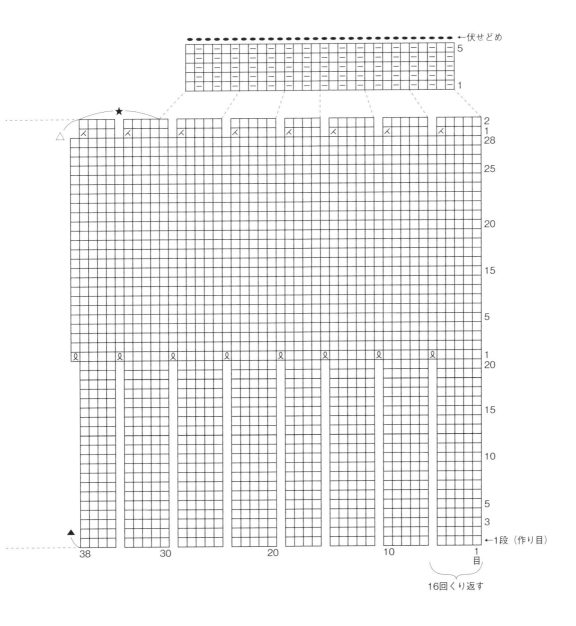

←伏せどめ

5

1

★

△

2
1
28

25

20

15

5
1
20

15

10

5
3

←1段（作り目）

38   30   20   10   1
目

16回くり返す

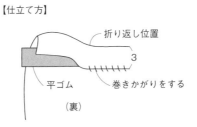

【仕立て方】

折り返し位置

3

平ゴム   巻きかがりをする

（裏）

13 ブランケット　p.30

糸　　　a アヴリル 綿コード（＃60ピンク）…300g
　　　　b アヴリル 綿コード（＃183イエロー）…15g

針　　　5/0かぎ針

ゲージ　長編み 19目9段（10cm四方）

サイズ　75×75cm

編み方
糸はすべて1本取りで編む。
1. 作り目は、糸端を輪にする方法で編み始める。
   輪の中に、立ち上がりの鎖3目を編み、これを
   1目と数え、長編みを11目編み入れる。全部で
   12目と数え、これが1段目になる。
2. 2段目からは、1段ごとに16目ずつ増やし、34
   段まで編む。
3. 35段めは細編みを編みながら、6目ごとに鎖
   編み3目を編み付け、ピコットにする（編み始
   めと編み終わりは5目ごと）。
4. 糸端を始末し、完成。

サイズ調整の仕方
大きくしたい場合は、1段ごとに16目ずつ増やし
て編む。小さくしたい場合は、途中の段でやめ、縁
編み（細編み・ピコット）を編む。

【製図】

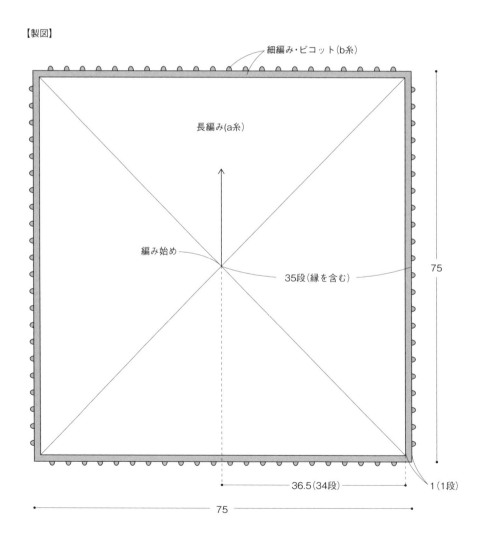

細編み・ピコット（b糸）

長編み（a糸）

編み始め

35段（縁を含む）

75

36.5（34段）

1（1段）

75

【編み図】

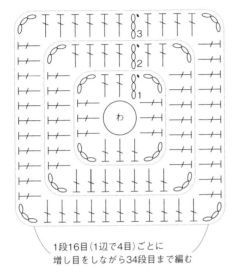

1段16目（1辺で4目）ごとに
増し目をしながら34段目まで編む

【目数表】

34	540目（＋16）
33	524目（＋16）
32	508目（＋16）
31	492目（＋16）
30	476目（＋16）
29	460目（＋16）
27	444目（＋16）
28	428目（＋16）
26	412目（＋16）
25	396目（＋16）
24	380目（＋16）
23	364目（＋16）
22	348目（＋16）
21	332目（＋16）
20	316目（＋16）
19	300目（＋16）
18	284目（＋16）
17	268目（＋16）
16	252目（＋16）
15	236目（＋16）
14	220目（＋16）
13	204目（＋16）
12	188目（＋16）
11	172目（＋16）
10	156目（＋16）
9	140目（＋16）
8	124目（＋16）
7	108目（＋16）
6	92目（＋16）
5	76目（＋16）
4	60目（＋16）
3	44目（＋16）
2	28目（＋16）
1	わの中に長編み12目

【縁編みの編み方】

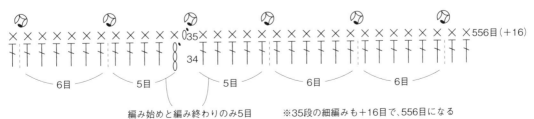

×556目（＋16）

6目　　5目　　5目　　6目　　6目

編み始めと編み終わりのみ5目

※35段の細編みも＋16目で、556目になる

14 セットアップ　p.32

糸　　　ハマナカ ねんね（＃3ベージュ）
　　　　ラグランブルオーバー…115g
　　　　パンツ…105g

針　　　8号棒針
　　　　5/0号かぎ針

その他　直径1.2㎝ボタン1個
　　　　縫い糸
　　　　2.5㎝幅平ゴム60㎝

ゲージ　地模様 19目28段（10㎝四方）

サイズ　ラグランブルオーバー：着丈25㎝　胸囲60㎝
　　　　パンツ：ウエスト45㎝　ヒップ60㎝

【製図】

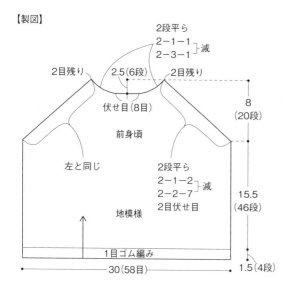

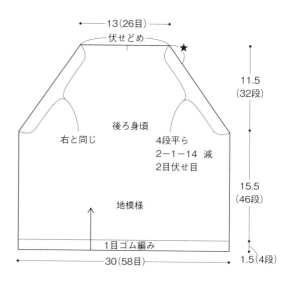

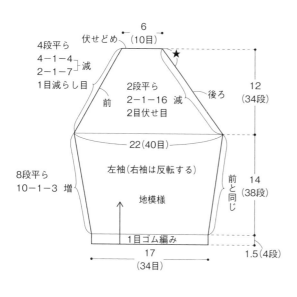

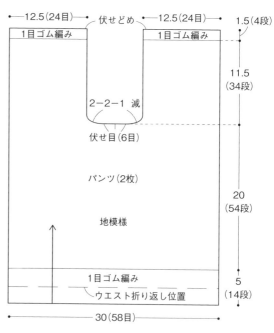

前身頃（製図内）
- 2段平ら 2-1-1 2-3-1 減
- 2目残り　2.5（6段）　2目残り
- 伏せ目（8目）
- 8（20段）
- 左と同じ
- 2段平ら 2-1-2 2-2-7 減 2目伏せ目
- 地模様
- 1目ゴム編み
- 30（58目）
- 15.5（46段）
- 1.5（4段）

後ろ身頃（製図内）
- 13（26目）
- 伏せどめ　★
- 11.5（32段）
- 右と同じ
- 4段平ら 2-1-14 減 2目伏せ目
- 地模様
- 1目ゴム編み
- 30（58目）
- 15.5（46段）
- 1.5（4段）

左袖（製図内）
- 6（10目）
- 伏せどめ　★
- 4段平ら 4-1-4 2-1-7 減 1目減らし目
- 前
- 2段平ら 2-1-16 減 2目伏せ目
- 後ろ
- 12（34段）
- 22（40目）
- 左袖（右袖は反転する）
- 地模様
- 8段平ら 10-1-3 増
- 前と同じ
- 14（38段）
- 1目ゴム編み
- 17（34目）
- 1.5（4段）

パンツ（製図内）
- 12.5（24目）　伏せどめ　12.5（24目）
- 1目ゴム編み　1目ゴム編み
- 1.5（4段）
- 11.5（34段）
- 2-2-1 減
- 伏せ目（6目）
- パンツ（2枚）
- 地模様
- 20（54段）
- 1目ゴム編み
- ウエスト折り返し位置
- 30（58目）
- 5（14段）

編み方
ラグランプルオーバー
糸はすべて2本取りで編む。

1. 前身頃は、一般的な作り目で目を作り、1目ゴム編みを4段編む。そのまま平らに46段編み、編み図通りに減らし目をしながら、20段編む。
2. 後ろ身頃も同様に、作り目、1目ゴム編み4段、平らに46段編み、編み図通りに減らし目をしながら32段編んだら、最後は伏せどめをする。
3. 左袖は作り目し、1目ゴム編みを4段編んだら、増し目をしながら38段編む。続けて減らし目をしながら34段編み、伏せどめ。編み図を反転させて右袖も編む。
4. 前後の身頃を両脇で合わせてすくいとじし、左右の袖は、p.58「身頃と袖のとじ方」を参照してとじる。その際、右後ろは3cm程度とじ残す。
5. p.57「曲線部分の目の拾い方」を参照し、襟ぐりの目を拾い、4段ガーター編みをする。
6. 右後ろにボタンループとボタンを付け、完成。

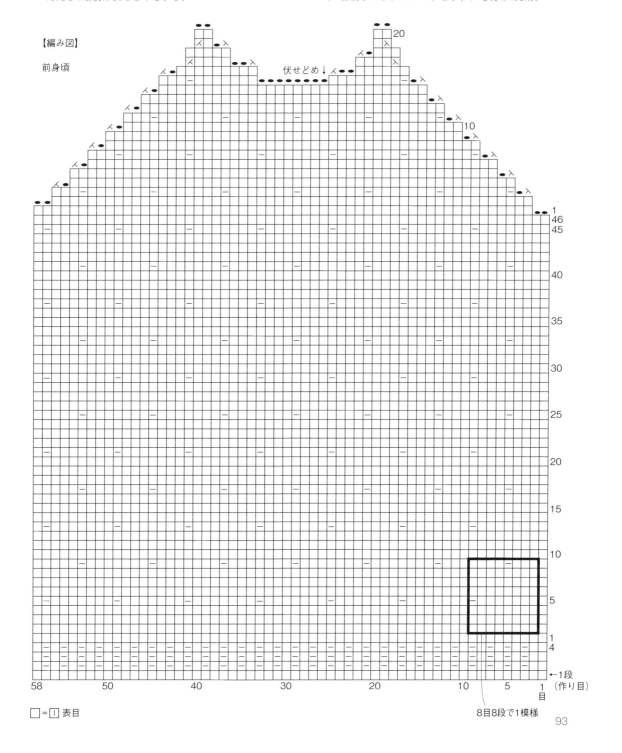

【編み図】
前身頃

伏せどめ↓

8目8段で1模様

□=|￤| 表目

93

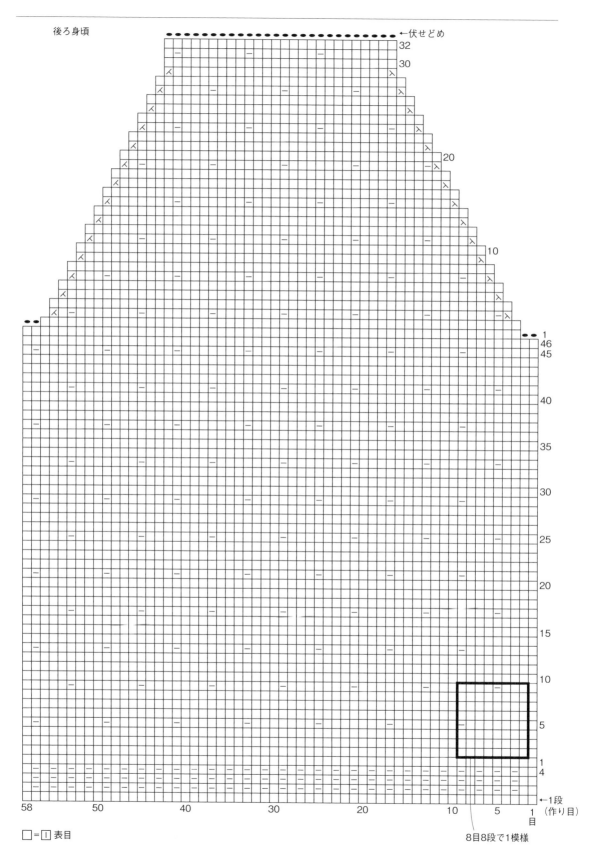

後ろ身頃　　　　　　　　　　　　　　　　　　　　　　　←伏せどめ

32

30

20

10

1
46
45

40

35

30

25

20

15

10

5

4

←1段
（作り目）

58　　　　50　　　　40　　　　30　　　　20　　　　10　　5　　1
　　　　　　　　　　　　　　　　　　　　　　　　　　　　　目

□=|表目

8目8段で1模様

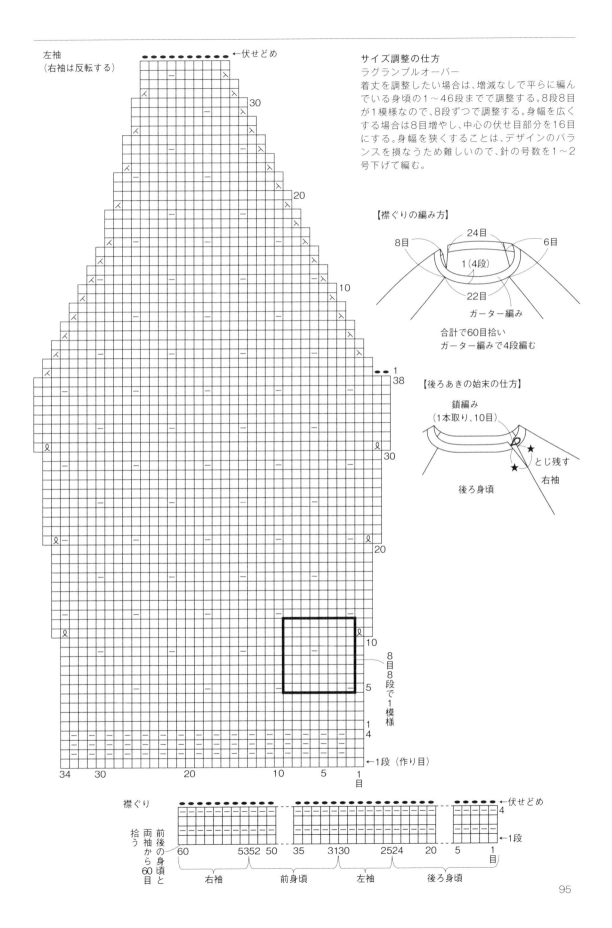

サイズ調整の仕方
ラグランプルオーバー
着丈を調整したい場合は、増減なしで平らに編んでいる身頃の1～46段までで調整する。8段8目が1模様なので、8段ずつで調整する。身幅を広くする場合は8目増やし、中心の伏せ目部分を16目にする。身幅を狭くすることは、デザインのバランスを損なうため難しいので、針の号数を1～2号下げて編む。

【襟ぐりの編み方】

合計で60目拾い
ガーター編みで4段編む

【後ろあきの始末の仕方】

95

編み方

パンツ

糸はすべて2本取りで編む。

1. 一般的な作り目で目を作り、1目ゴム編みを14段編んで、そのまま増減なしで平らに54段編む。
2. 編み図通りに、減らし目をし、34段平らに編む。4段1目ゴム編みし、伏せどめをする。
3. もう1枚同じものを編む。
4. 2枚を合わせ、両脇と股下をすくいとじする。
5. ウエスト折り返し位置で裏側に折り、p.61「ゴム通しの巻きかがりの仕方」を参照し、ウエストにゴムを通し、完成。

サイズ調整の仕方

パンツ

ウエスト、ヒップの幅を調整したい場合は、8目で1模様なので、左右で倍の16目ごとで調整する。着丈を調整したい場合は、8段で1模様なので、8段ずつ調整する。

【製図】

パンツ(2枚)

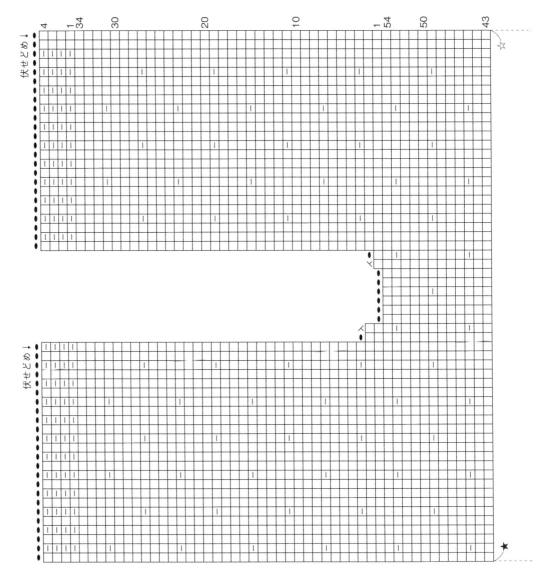

【仕立て方】

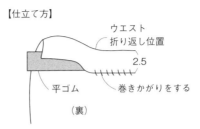

ウエスト
折り返し位置
2.5
平ゴム　巻きかがりをする
(裏)

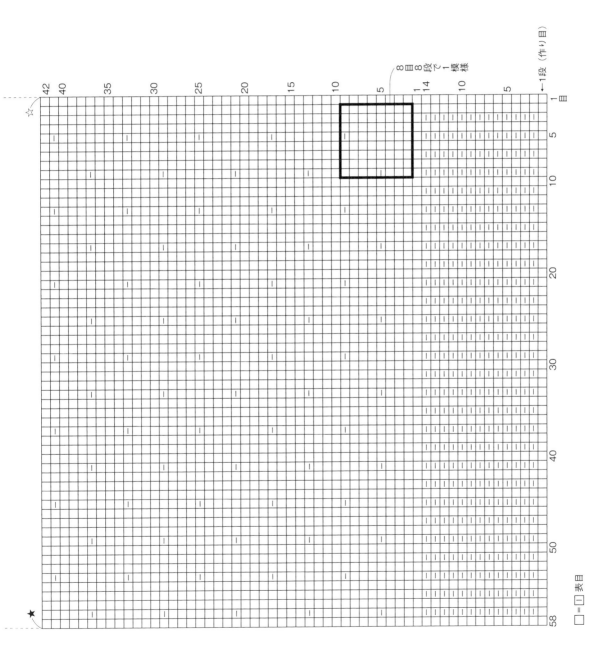

15 帽子　p.36

糸　　　　a ハマナカ わんぱくデニス（#31ベージュ）…30g
　　　　　b ハマナカ わんぱくデニス（#34グレー）…30g
　　　　　c ハマナカ ティノ（#7オレンジ）…10g

針　　　　8/0号かぎ針

ゲージ　　細編み（3本取り）11.5目12段（10cm四方）

サイズ　　頭回り50cm　深さ14cm

編み方

糸は3本を引き揃えにして編む。
1. 鎖編みを56目編み、鎖編みの作り目に編み付ける方法で、細編みを編み付ける。これが1段目になる。
2. 段の始めは、必ず立ち上がりの鎖目を編んでから編み始める。増減なしで、10段編む。
3. 編み図通りに目を減らし、最後の8目は絞ってとめる。
4. 糸端を始末する。
5. b糸でポンポンを作り、編み終わりの位置に付けて、完成。

サイズ調整の仕方

頭囲を大きくしたい場合は、減らし目が7目ごとのくり返しなので、7目ずつで増やす。深さを調整したい場合は、目の数を変えずに編んでいる1〜10段の部分を増減させて調整する。

【製図】

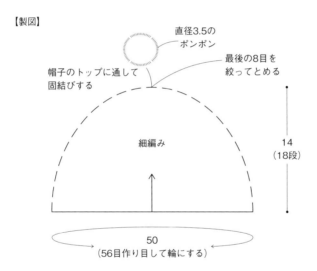

【ポンポンの作り方】

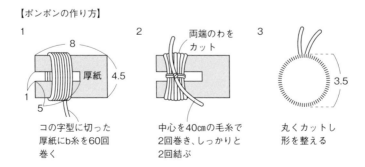

1
コの字型に切った
厚紙にb糸を60回
巻く

2
両端のわを
カット
中心を40cmの毛糸で
2回巻き、しっかりと
2回結ぶ

3
丸くカットし
形を整える

【編み図】

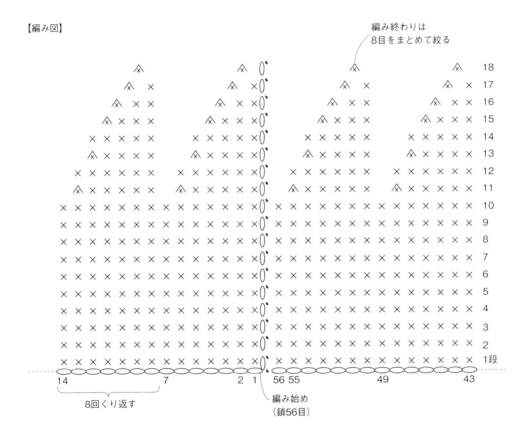

編み終わりは
8目をまとめて絞る

18
17
16
15
14
13
12
11
10
9
8
7
6
5
4
3
2
1段

14　　　　7　　　2 1　56 55　　　49　　　43

8回くり返す

編み始め
（鎖56目）

【目数表】

18	8目（−8）
17	16目（−8）
16	24目（−8）
15	32目（−8）
14	40目増減なし
13	40目（−8）
12	48目増減なし
11	48目（−8）
2〜10	56目増減なし
1	56目鎖編みに編みつける

【ポンポンのとめ方】

直径3.5のポンポン

①表から帽子の
　トップに通す

②裏側で固結び

16 プルオーバー　p.38

糸　　a　ハマナカ わんぱくデニス（#51クリーム）…80g
　　　b　ハマナカ わんぱくデニス（#47水色）…15g
　　　c　ハマナカ わんぱくデニス（#10レッド）…3g

針　　6号輪針

ゲージ　メリヤス編み 19目27段（10cm四方）

サイズ　着丈30cm　胸囲64cm

編み方
糸はすべて1本取りで編む。
1. 前身頃はa糸を使い、一般的な作り目で目を作り、メリヤス編みで62段まで平らに編む。
2. 編み図通りに、減目しながら襟ぐりを編む。
3. 後ろ身頃もa糸を使い、一般的な作り目で目を作り、メリヤス編みで80段まで編む。
4. 前後の身頃の肩を印同士でかぶせはぎで接ぎ合わせる。
5. 両脇をすくいとじする。
6. p.56「直線部分の目の拾い方」を参照し、b糸で袖付けどまりからぐるりと50目拾い、10段編む。
7. c糸でポケットを編み、p.60「ポケットの付け方」を参照してポケットを付け、糸始末をして完成。

サイズ調整の仕方
着丈の長さを調整したい場合は、平らに編んでいる1〜62段までを増減させて調整する。身幅を調整したい場合は、増減なしで平らに編んでいる中心部分か両肩部分で目を均等に調整する。

【製図】

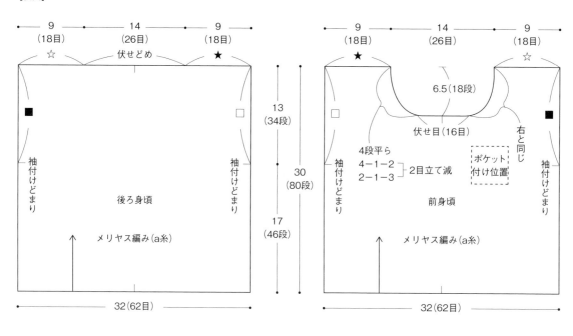

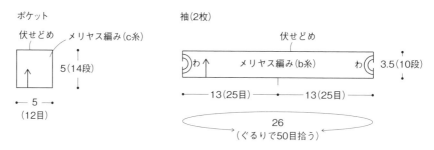

【編み図】

前身頃

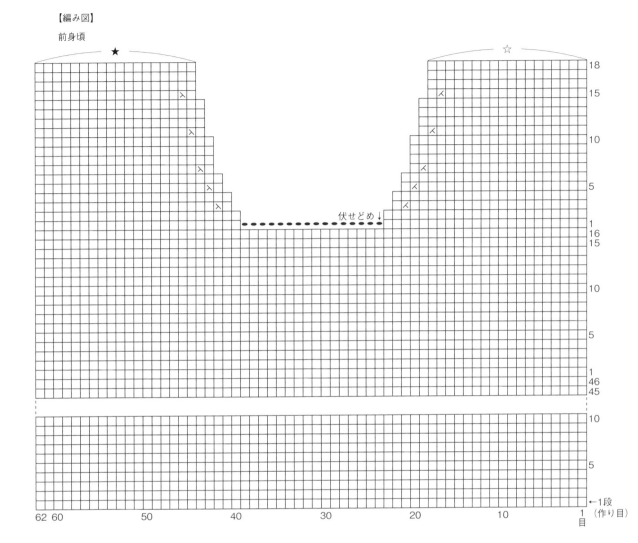

伏せどめ↓

62 60　　　50　　　40　　　30　　　20　　　10　　　1 目
←1段
（作り目）

後ろ身頃

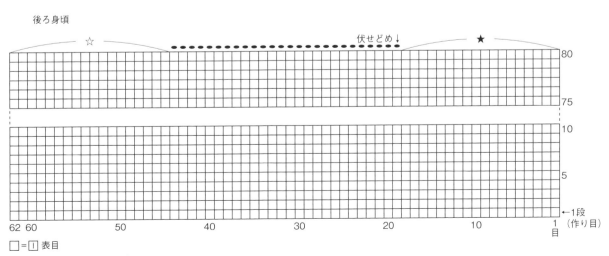

伏せどめ↓

☆　　　★

62 60　　　50　　　40　　　30　　　20　　　10　　　1 目
←1段
（作り目）

□ = 囗 表目

※★☆は印同士でかぶせはぎ

袖

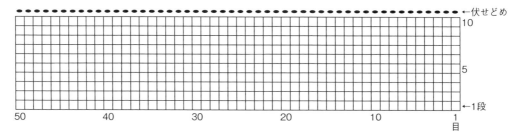

←伏せどめ

10

5

←1段

50   40   30   20   10   1
目

ポケット

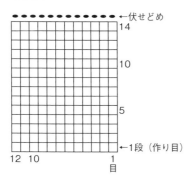

←伏せどめ

14

10

5

←1段（作り目）

12 10   1
目

□ = □ 表目

【袖とポケットの始末の仕方】

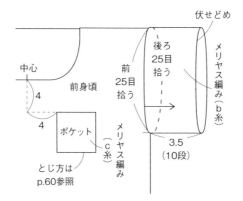

伏せどめ

中心

前身頃

後ろ
25目
拾う

前
25目
拾う

メリヤス編み（b糸）

4

4

ポケット

メリヤス編み（c糸）

3.5
（10段）

とじ方は
p.60参照

糸　　すべてDARUMA
　　　a メリノスタイル並太（#2ライトベージュ）…55g
　　　b メリノスタイル並太（#18ダークグレー）…3g
　　　c メリノスタイル並太（#8ウォーターブルー）…3g
　　　d メリノスタイル並太（#10ダークブラウン）…3g
　　　e 小巻Caféデミネオン（#201イエロー）…3g

針　　7号輪針

ゲージ　メリヤス編み　18目24段（10cm四方）

サイズ　着丈22.5cm　身幅33cm

編み方
糸は1本取りで編む（e糸のみ2本取り）。
1．a糸で、輪針に一般的な作り目で目を作り、2
　　目ゴム編みで8段まで平らに編む。
2．編み図通りに、a～e糸までを使いながら、メリ
　　ヤス編みで、編み込み模様を編む。
3．編み図通りに、減らし目をしながら41段まで
　　編む。
4．1目ゴム編みで8段編み、伏せどめをし、糸始
　　末をして、完成。

サイズ調整の仕方
身幅を調整する場合は、12目1模様なので、12目
ごとで増減させて調整する。着丈の長さを調整す
るのは、デザインのバランスが変わってしまうた
め難しいが、減らし目をせずに平らに編んでいる
部分や編み込み模様を入れていない部分で調整
するとよい。

【製図】

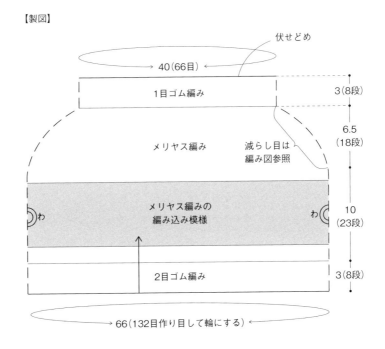

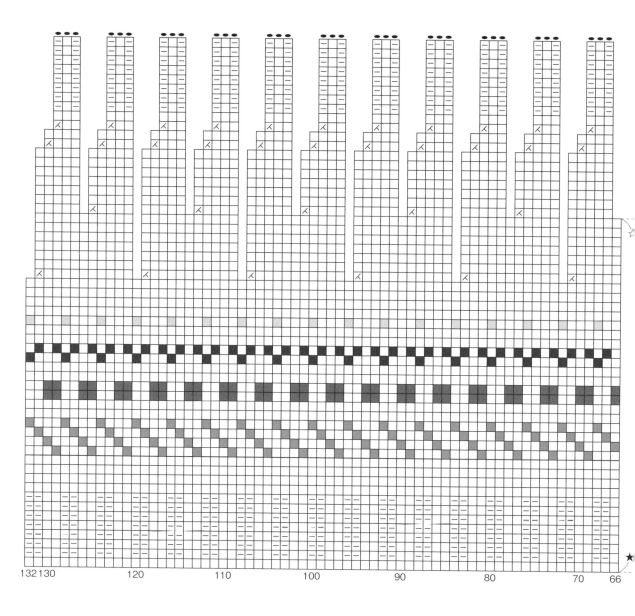

132 130　　　　　　120　　　　　　110　　　　　　100　　　　　　90　　　　　　80　　　　　70　　　66

■b糸（ダークグレー）　　　　　□=□ 表目
■c糸（ウォーターブルー）
■d糸（ダークブラウン）
□e糸（イエロー）

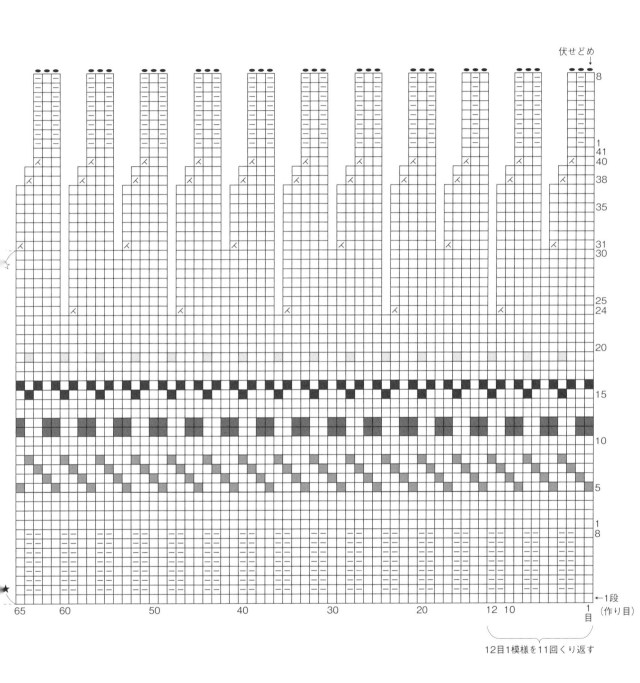

伏せどめ

8
1
41
40
38
35
31
30
25
24
20
15
10
5
1
8

←1段
（作り目）

65　　60　　　50　　　　40　　　30　　　　20　　12　10　　　1
　　　　　　　　　　　　　　　　　　　　　　　　　　　　　目

12目1模様を11回くり返す

18 ナップサック p.42

糸　itoito POMPIDOU I（＃46ダークグレー）…70g

針　10号棒針
　　7/0号かぎ針

ゲージ　メリヤス編み 16目26段（10㎝四方）

サイズ　21×18㎝

編み方
糸はすべて1本取りで編む。
1. 一般的な作り目で目を作り、メリヤス編みで
　120段編み、伏せどめをする。
2. 底中心から外表に2つ折りし、両脇をすくいと
　じする。
3. ひも通しを裏側に折って、巻きかがりする。
4. 鎖編み140目でひもを2本編む。
5. ひも通しにひもを左右から通し、袋の両角に
　無理穴で通して結び、完成。

サイズ調整の仕方
シンプルな編み地なので、縦横ともにサイズ調整
可能。サイズを変更した場合は、ひもの長さも変
更が必要。両角に通さず、そのまま結べば巾着
バッグとしても利用できるので、親子でおそろい
のバッグとしても活用可能。

【製図】

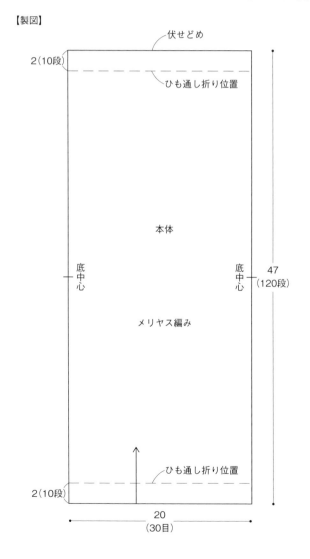

ひも(2本)

【編み図】

本体

← 伏せどめ

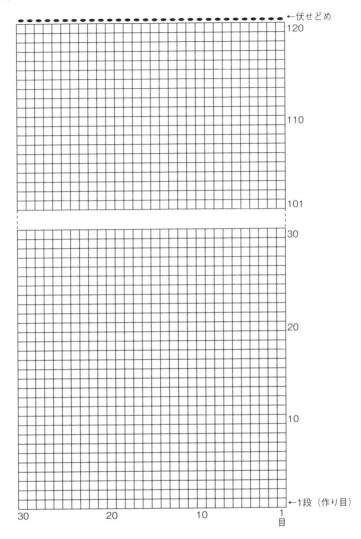

120

110

101

30

20

10

← 1段 (作り目)

30　　　　　20　　　　　10　　　　　1
目

【仕立て方】

2　　　　　2

巻きかがり

すくいとじ
（表側から）

（裏）

底中心わ

【ひもの通し方】

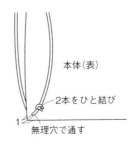

本体（表）

2本をひと結び

1

無理穴で通す

20 ストラップ　p.47

糸　　　残り糸…適宜

針　　　5/0号かぎ針

その他　直径1.2㎝スナップボタン2個

サイズ　長さ50㎝

編み方
糸は残り糸を使う。
1. 鎖編みの作り目に編み付ける方法で目を作り
　細編みを編み付ける。
2. 段の始めには、立ち上がりの鎖編みを編んで
　から編み始める。
3. 段数は好みで、色を切り替えながら編む。
4. スナップボタンを縫い付け、完成。

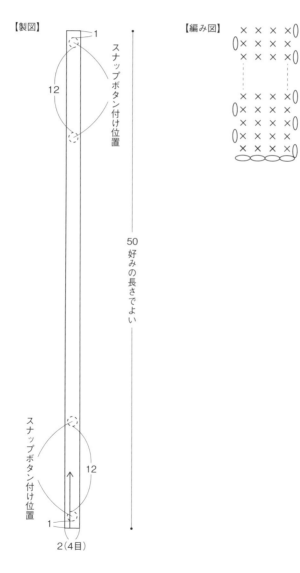

【製図】

1

スナップボタン付け位置

12

50　好みの長さでよい

スナップボタン付け位置

12

1

2（4目）

【編み図】

19 サロペット　p.44

糸　　　　DARUMA ニッティングコットン（#7ネイビー）…115g

針　　　　8号輪針
　　　　　6号輪針

その他　　直径1.5cmボタン2個
　　　　　縫い糸

ゲージ　　模様編み 20目26段（10cm四方）

サイズ　　ウエスト56cm　ヒップ66cm　着丈29cm

編み方

糸はすべて1本取りで編む。

1. 6号輪針に一般的な作り目で目を作り、1目ゴム編みを8段編む。
2. 8号輪針で58段模様編みを編む。
3. 続けて、8号輪針のまま、1目ゴム編みを8段編み、伏せどめをする。
4. 股をメリヤスはぎでとじる。
5. 8号輪針に一般的な作り目で目を作り、1目ゴム編みで70段編んで、ひもを2本作る。
6. 本体に縫い付け、ボタンも縫い付けて、完成。

サイズ調整の仕方

ウエスト、ヒップの幅を調整したい場合は、9目が1模様なので、前後で18目ごとに調整する。着丈を調整したい場合は、増減なしで平らに編んでいるところで調整する。

【編み図】

本体

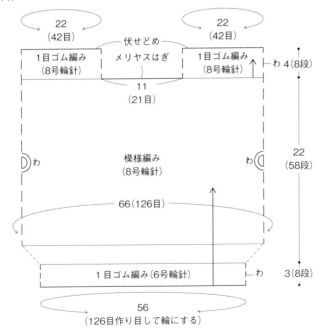

ひも（2本）

【編み図】

本体

伏せどめ↓

◇

126   120   110   100   90   80   70

□=□ 表目
※◇は印同士でメリヤスはぎ

ひも（2本）

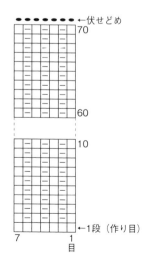

←伏せどめ
70

60

10

←1段（作り目）
7   1
目

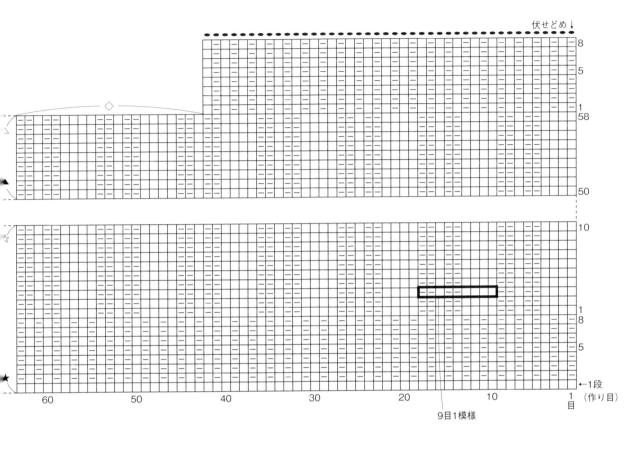

伏せどめ↓

8
5
1
58

50

10

1
8
5
←1段
（作り目）

60　　　50　　　40　　　30　　　20　　　10　　　1
目

9目1模様

【ひもの付け方】

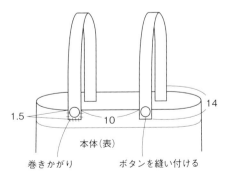

14
1.5　　　　10
本体（表）
巻きかがり　　　ボタンを縫い付ける

Profile

野口智子

文化服装学院ニットデザイン科卒業。卒業後、フィレンツェに奨学金留学。その後、ハンドニットのブランド『eccomin』をスタートし、渋谷にある手芸用品と作家もののお店「chocoshoe」の店主としても活動している。著書に『わたしのセーター』(文化出版局)などがある。
http://eccomin.com/
http://chocoshoe.com/

素材協力

株式会社アヴリル(AVRIL)
〒606-8185　京都府京都市左京区一乗寺高槻町20-1
tel.075-724-3550(11時〜17時　※土日祝日をのぞく)
http://www.avril-kyoto.com

株式会社 itoito
〒465-0092　愛知県名古屋市名東区社台3-156-1-301
tel.090-8187-4965
https://www.itoito.co.jp

ハマナカ株式会社
〒616-8585　京都府京都市右京区花園藪ノ下町2番地の3
tel.075-463-5151
http://www.hamanaka.co.jp

横田株式会社・DARUMA
〒541-0058　大阪府大阪市中央区南久宝寺町2-5-14
tel.06-6251-2183
http://www.daruma-ito.co.jp

chocoshoe
〒150-0011　東京都渋谷区東1-3-1カミニート1階 no.5
tel.03-6427-1673
http://chocoshoe.com/

Staff

撮影
鏑木希実子

デザイン
小石健司

モデル
なぎさ　みかげ

制作協力
池上舞　石川有希　片岡文子

撮影協力
萬谷翔

作図
ATELIER MARIRI.

編集
菊地杏子　恵中綾子(グラフィック社)

シンプルベビーニット
長く着られるデザインと
サイズ調整のひと工夫

2020年9月25日　初版第1刷発行

著　者：野口智子
発行者：長瀬 聡
発行所：株式会社グラフィック社
　　　　〒102-0073
　　　　東京都千代田区九段北1-14-17
　　　　tel. 03-3263-4318(代表)
　　　　　　 03-3263-4579(編集)
　　　　fax. 03-3263-5297
　　　　郵便振替　00130-6-114345
　　　　http://www.graphicsha.co.jp

印刷・製本：図書印刷株式会社